U0804529

老子与现代生活

刘长允　著

齊鲁書社

图书在版编目（CIP）数据

老子与现代生活 / 刘长允著. -- 济南 : 齐鲁书社,
2020.3
ISBN 978-7-5333-4327-9

Ⅰ. ①老… Ⅱ. ①刘… Ⅲ. ①老子－人生哲学－通俗
读物 Ⅳ. ①B223.1-49

中国版本图书馆CIP数据核字(2020)第030003号

老子与现代生活

LAOZI YU XIANDAI SHENGHUO

刘长允　著

主管单位	山东出版传媒股份有限公司
出版发行	齊魯書社
社　　址	济南市英雄山路189号
邮　　编	250002
网　　址	www.qlss.com.cn
电子邮箱	qilupress@126.com
营销中心	（0531）82098521　82098519
印　　刷	山东临沂新华印刷物流集团有限责任公司
开　　本	720mm×1020mm　1/16
印　　张	13.5
插　　页	2
字　　数	174千
版　　次	2020年3月第1版
印　　次	2020年3月第1次印刷
印　　数	1-2000
标准书号	ISBN 978-7-5333-4327-9
定　　价	48.00元

序

长允幼承庭训，在中学时代即尝试译注《诗经》《楚辞》等书中部分篇章，且熟悉《黄帝内经》《伤寒杂病论》等中医药典籍。长允接触《周易》较早，向我问易也已逾廿载。长允提出的“《易经》是一部古老的辞书”，和他从多义词视角对卦爻辞之间有机联系的探索，都称得上是言之成理、持之有故的一家之言。所著《步入神秘的殿堂》一书，也不失为初学易者较好的参考书。

长允好学敏求，即便公务繁忙，也从未辍其所学。虽知他近年一直在研学《老子》，但当这部十几万字的书稿送到面前时，还是不能不使我为之惊喜：我认为长允这部书是下了功夫的，也是很有特点的。此书从十几个方面阐发老子思想，基本涵盖了《道德经》的主要意蕴。该书虽然没有作繁琐考据，但对先贤和时彦的研究成果都注意到了。此书从九个方面对“道”的旨趣作深入揭示，从十二个方面就老子对中国军事思想的影响作出深刻论证，其中对老子“无为而无不为”和相反相成思想的多维度探讨，都彰显了作者的研究深度和厚度。这部书最独到之处，是其每剖析老子的一个命题时，都将其放在人类与这一命题相互关系的大背景下展开。比如，当您读了“如何守住真善美”和“桃花源里可耕田”这两章后，不仅会理解老子返朴归真和小国寡民的思想，同时对古今中外关于真善美和乌托邦思想的形成与发展，也会有一个大致的掌握。我以为这部书的主要目的，是把老子智慧和现实紧密地联系起来，使人们从老子那里得到更多的人生启示和教诲，以安顿好我们现代人的心灵和生活。这样一部内容通俗易懂、文字简洁明快的释老之作，相信大家会喜欢它。

欣闻此书即将付梓，高兴之余遂简文如上以介之，是为序。

刘大钧

2008 年 8 月 8 日于运乾书斋

目　录

第一章
智慧老人的风采

在人类文明发展史上，曾涌现出一些影响深远的大思想家，如孔子、释迦牟尼、苏格拉底、柏拉图、亚里士多德、牛顿、亚当·斯密、黑格尔、马克思等。正是这些思想巨擘，引领了人类前进的步伐，照亮了人类历史的星空。他们的思想历久弥新，人类将永远从这些先哲那里汲取智慧、承受恩泽。毫无疑问，老子就是这个行列者之一。

按照现在流行的说法，老子应该被称为哲学大师。但我更愿意称他为智慧老人。为什么称他为智慧老人呢？因为老子不仅阅尽沧桑、睿智深思、洞察一切、掌握玄机，而且他对人们的教导，也分明是祖父对待儿孙辈的口吻。老子留给后人的宝贵财富是确确凿凿的，那就是他的皇皇五千言，世称《老子》，也叫《道德经》。但是，老子又是一个具有传奇性的人物，对于他的身世和生平，人们感到有些扑朔迷离，说不太清楚。个中原因固然很多，但我想和他老人家那种独特奇妙的思想有关系：稀世珍宝必然引起人们的不断渲染和猜测。黄玉顺先生在《咏老子》一诗中说："李耳伯阳即老聃？其人其事俱难言。或云春秋老莱子，或云战国太史儋。闻道东周守藏史，愁煞西汉司马迁!”

后人谈论老子的生平情况，主要依靠的是《史记》中的有关记述，而司马迁的话还是比较可信的。《史记·老子韩非列传》说：“老子者，楚苦县厉乡曲仁里人也。姓李氏，名耳，字聃，周守藏室之史也。孔子适周，将问礼于老子。……老子修道德，其学以自隐无名为务。居周久之，见周之衰，乃遂去。至关，关令尹喜曰：‘子将隐矣，强为我著书。’于是老子乃著书上下篇，言道德之意五千余言而去，莫知其所终。”这么说来，老子生活在我国的春秋时代，籍贯是现在的河南省鹿邑县，他担任的主要职务是周朝国家图书馆的馆长。当时声名显赫的孔子也曾向他求教，可见老子的学术地位之高。我们据此还可以知道，老子著书立说并非出于本意，而是在尹喜的万般劝说下才勉强为之的。如果真的是这样，那么我们整个民族都要感谢那位关令大人啦。

关于孔子向老子问礼的事，除《史记》有记载外，还散见于《庄子》等典籍。今天在洛阳市东关大街北侧，还有一块碑上写着“孔子入周问礼乐至此”。这当然是后人的附会。孔子、老子作为儒道两家的代表人物，孔子向老子问礼一事，自然会成为千百年来学人们最愿意喋喋不休的公案。鲁迅先生在他的《故事新编·出关》一文里，对于这件事有着非常精彩的描写，我认为至今仍无出乎其右者。现在把它摘录下来，我们再一次共同欣赏：

老子毫无动静的坐着，好像一段呆木头。

“先生，孔丘又来了!”他的学生庚桑楚，不耐烦似的走了进来，轻轻的说。

“请……”

“先生，你好吗?”孔子极恭敬的行着礼，一面说。

“我总是这样子，”老子答道。“您怎么样?所有这里的藏书，都看过了罢?”

“都看过了。不过……”孔子很有些焦躁模样，这是他从来所没有的。“我研究《诗》《书》《礼》《乐》《易》《春秋》六经，自以为很长久了，够熟透了。去拜见了七十二位主子，谁也不采用。人可真是难得说明白呵。还是‘道’的难以说明白呢?”

“你还算运气的哩,”老子说，“没有遇到能干的主子。六经这玩意儿，只是先王的陈迹呀。那里是弄出迹来的东西呢?你的话，可是和迹一样的。迹是鞋子踏成的，但迹难道就是鞋子吗?”停了一会，又接着说道:“白鹅们只要瞧着，眼珠子动也不动，然而自然有孕；虫呢，雄的在上风叫，雌的在下风应，自然有孕；类是一身上兼具雌雄的，所以自然有孕。性，是不能改的；命，是不能换的；时，是不能留的；道，是不能塞的。只要得了道，什么都行，可是如果失掉了，那就什么都不行。”

孔子好像受了当头一棒，亡魂失魄的坐着，恰如一段呆木头。

大约过了八分钟，他深深的倒抽了一口气，就起身要告辞，一面照例很客气的致谢着老子的教训。

老子也并不挽留他，站起来扶着拄杖，一直送他到图书馆的大门外。孔子就要上车了，他才留声机似的说道:

“您走了?您不喝点儿茶去吗?……”

孔子答应着“是是”，上了车，拱着两只手极恭敬的靠在横板上；冉有把鞭子在空中一挥，嘴里喊一声“都”，车子就走动了。待到车子离开了大门十几步，老子才回进自己的屋里去。

“先生今天好像很高兴,”庚桑楚看老子坐定了，才站在旁边，垂着手，说。“话说的很不少……”

“你说的对。”老子微微的叹一口气，有些颓唐似的回答道。“我的话真也说的太多了。”他又仿佛突然记起一件事情来，“哦，孔丘送我的一只雁鹅，不是晒了腊鹅了吗？你蒸蒸吃去罢。我横竖没有牙齿，咬不动。”

庚桑楚出去了。老子就又静下来，合了眼。图书馆里很寂静。只听得竹竿子碰着屋檐响，这是庚桑楚在取挂在檐下的腊鹅。

一过就是三个月。老子仍旧毫无动静的坐着，好像一段呆木头。

“先生，孔丘来了哩！”他的学生庚桑楚，诧异似的走进来，轻轻的说。“他不是长久没来了吗？这的来，不知道是怎的？……”

“请……”老子照例只说了这一个字。

“先生，您好吗？”孔子极恭敬的行着礼，一面说。

“我总是这样子，”老子答道。“长久不看见了，一定是躲在寓里用功罢？”

“那里那里，”孔子谦虚的说。“没有出门，在想着。想通了一点：鸦鹊亲嘴；鱼儿涂口水；细腰蜂儿化别个；怀了弟弟，做哥哥的就哭。我自己久不投在变化里了，这怎么能够变化别人呢！……”

“对对！”老子道。“您想通了！”

大家都从此没有话，好像两段呆木头。

大约过了八分钟，孔子这才深深的呼出了一口气，就起身要告辞，一面照例很客气的致谢着老子的教训。

老子也并不挽留他。站起来扶着拄杖，一直送他到图书馆的大门外。孔子就要上车了，他才留声机似的说道：

“您走了？您不喝点儿茶去吗？……”

孔子答应着“是是”，上了车，拱着两只手极恭敬的靠在横板上；冉有把鞭子在空中一挥，嘴里喊一声“都”，车子就走动了。待到车子离开了大门十几步，老子才回进自己的屋里去。

“先生今天好像不大高兴，”庚桑楚看老子坐定了，才站在旁边，垂着手，说。“话说的很少……”

“你说的对。”老子微微的叹一口气，有些颓唐的回答道。“可是你不知道：我看我应该走了。”

“这为什么呢？”庚桑楚大吃一惊，好像遇着了晴天的霹雳。

“孔丘已经懂得了我的意思。他知道能够明白他的底细的，只有我，一定放心不下。我不走，是不大方便的……”

“那么，不正是同道了吗？还走什么呢？”

“不，”老子摆一摆手，“我们还是道不同。譬如同是一双鞋子罢，我的是走流沙，他的是上朝廷的。”

“但您究竟是他的先生呵！”

“你在我这里学了这许多年，还是这么老实，”老子笑了起来，“这真是性不能改，命不能换了。你要知道孔丘和你不同：他以后就不再来，也再不叫我先生，只叫我老头子，背地里还要玩花样了呀。”

“我真想不到。但先生的看人是不会错的……”

“不，开头也常常看错。”

“那么，”庚桑楚想了一想，“我们就和他干一下……”

老子又笑了起来，向庚桑楚张开嘴：

“你看：我牙齿还有吗？”他问。

“没有了。”庚桑楚回答说。

“舌头还在吗？”

“在的。”

“懂了没有？”

“先生的意思是说：硬的早掉，软的却在吗？”

“你说的对。我看你也还不如收拾收拾，回家看看你的老婆去罢。但先给我的那匹青牛刷一下，鞍鞯晒一下。我明天一早就要骑的。”

老子一生传奇故事很多。但影响最大的是两件事：一件事是上文叙述的孔子向他问礼，再一件事就是老子出关。所谓老子出关，就是老子经过函谷关（今河南省灵宝市东北），一直走到西北的沙漠地区（古称流沙）。这样，就有一个问题：老子放着好好的国家图书馆馆长不当，颠沛流离地出关西行干什么呢？这个问题大约有三个答案。一说是因为老子在周朝待得时间长了，看到周王朝逐渐暴露出的衰败没落的征兆。特别是公元前520年，周王室发生争夺王位的内战，为了避免尔虞我诈的争斗，老子主动离开这个是非之地。二说是因为不愿与孔子儒学争高低，故出关西去秦国传授自己的学说。据章太炎等先生考证，“孔学本出于老”，孔子也曾以老子为师，但儒学日盛，且孔子门徒众多。老子认为再在中原待下去多有不便，于是出关到儒学还不太繁荣的秦国去发展自己。三说是因为老子的思想就是功成身退、以自隐无名为务，出关到人迹罕至的流沙是其必然的归宿。

现在我们再来看看老子当年出关是一个什么情景呢？据说关令尹喜也是一个很有修养的人，尤其精通天象学。天象学是中国古代特有的一门学问，即通过观察天象而预测国运和人事变化。一天早晨，尹喜站在函谷关的高台上，只见东边的天空紫气升腾，祥云缭绕。后来紫气越来越近，尹喜惊呼：“紫气东来，必有异人驾到。”他一面命人清扫道路，自己则穿戴好衣冠出关迎接。果然时辰不长，便见一长须如雪、道骨仙风的老者骑着青牛悠然而来，这就是老子。后来人们就用“紫气东来”比喻祥瑞降临，至今民间还常把这四个字作为春联的横批贴在大门上，以图吉利。尹喜心仪老子已久，更知道老子学识渊博且是个得道之人，他自然对老子礼遇有加，热情招待。过了几天，这位关令恳切地向老子提出了一个要求，想请老子著书立说，把老子的绝学传给后人。这个请求还真让老子犯难。因为按照老子的一贯态度，是知者不言，言者不知，真正有学问的人是沉默寡言的。更何况老子毕其终生精力所探索出来的“道”，完全是他个人的体悟，是不能用语言文字来表达的，一经言传，即会变形。正所谓：“道可道，非常道；名可名，非常名。”

如果不写，也很不妥。一是关令那里的确是盛情难却，一片真心至诚。再说，老子并没有办理关牒，即我们今天所说的通行护照，要真严格起来，出关还会成为问题。正是在这种情况下，老子破了例，将其终生所思所学，凝结为五千言，写下了《道德经》一书。即便这样，老子违反自己的原则而著书立说之举，也曾引起后人的质疑和诟病。如唐代大诗人白居易就指责道：“言者不如知者默，此语吾闻于老君。若道老君是知者，缘何自著五千文。”

老子写出了《道德经》，向关令尹喜交上了答卷，自然也就顺利出关了。老子出关后又怎样呢？史书上说他不知所终。也有说他在秦国讲学，死于扶风。还有的说关令尹喜和老子一同出走，两人相依为命，在流沙地区生活了很久很久。西晋一个叫王浮的道士，根据东汉以来老子西入天竺为浮屠的传说，敷衍引申，写了本书叫《老子化胡经》，说老子出关后到了印度，摇身一变成为释迦牟尼。后来传入中国的佛教，实际上是老子思想的衍化。笔者认为，关于老子出关及西行云云，大可不必太认真，本来就是捕风捉影之事。只是形成这些故事的原因，却有着它深刻的文化背景。汉武帝“罢黜百家，独尊儒术”之后，先秦很多显学如墨子之学和老子之学，都日趋衰弱，逐渐被边缘化。人们想象老子出关西游，远离主流社会，完全是情理之中的事。

老子对中国历史的影响，在官府那里虽然时高时低，但在民间和知识阶层内却有着广泛的基础。特别是汉代以后随着道教的产生，老子的思想更加深入人心，老子本人也不断被神化。老子被奉为道教的创始人，被称为“太上老君”，《道德经》也成为道教最主要的经典。不过，需要特别指出的是，中国土生土长的宗教——道教虽然和老子有一些关系，但出入也很大，更多的是打一下老子的招牌，或对《道德经》断章取义、竭尽附会之能事。老子和道教的关系实在太复杂，不是三言两语能解说清楚的。

老子和孔子一样，他的思想不仅是中国文化的重要源头和元素，也在世界上产生了重大影响。老子的思想自17世纪传入西方后，现今《道德经》外文译本已有七八十种之多，几乎世界上主要语言已经有了相关译本。据联合国教科文组织统计，在世界文化名著中，被译成外国文字并且发行量最大的是《圣经》，其次是老子的《道德经》。很多世界级的文化名人，如托尔斯泰、黑格尔、海德格尔、爱因斯坦等，都对老子的思想推崇备至，都认识到老子对自然规律的深刻揭示，特别是对人类心灵的纠偏和慰藉，具有独特和不可替代的作用。

现在，亲爱的读者一定会掩卷而思，我们的智慧老人——老子，他的形象和风采究竟是什么样子的呢？关于对老子形象的描绘，可能汉代画像石上是出现最早的，但那只是一个轮廓，并不太清晰。唐代画圣吴道子的老子像，虽然清晰，但我总觉得并未得其神韵，和诸多先贤如孔子等人的形象差别不太大。真正描绘出老子风骨和神韵的，我认为是当代著名艺术家范曾先生。

就笔者所见闻，范曾先生绘制的老子画像不下数十种，可谓幅幅传神，和人们心目中的老子也最为近似。范曾先生绘制的各式各样的老子画像，大都有一个共同的特点，那就是总有一个天真无邪、憨态可掬的村童伴随在老子左右。这正是老子“复归于婴儿”的重要思想的真实写照。范曾先生在他的文章中这样描述老子：“这是一双如深潭般清澈的眼睛，当它们张开的时候，像高悬的明镜，像幽潺的流泉。它宁静肃穆而灵动，它谦卑宽宏而敏悟。那是大哲先知所独具的风神。那童子纯稚无邪，心灵了无渣滓。他并不着意追逐老子的思维，而老子的言说，却似乎正是描述这‘婴儿之未孩’。只有不曾经受俗尘污染的灵魂，才能真正趋近老子。那一身皓羽的仙鹤，婉转高洁的仪态，使人想起画外天宇的云影和云外仙鹤的嘹唳，那不正是老子羽化登仙的象征吗?”他又说：“我喜欢画老子，画他的说法演教，画他的闭目神思，画他的骑牛出关，而旁边总有一个稚拙无邪的村童作他的书仆，背着他的几卷《道德经》和饮水的葫芦。老子则素衣布鞋，须眉皓如积雪，而头发披散，不着巾帻，有飘飘欲仙、不与世争的风神。他微微地欠着腰，半睁半闭着那双洞察天地古今的慧目，寂然凝虑，悄焉动容。那童子不正是对老子永怀敬意的范曾我吗？在老子面前，我心灵上有一种无法言状的感动，我笔下那霜雪似的皓髯，正昭示着皑皑千山般明净高远的学识，那止水般的宁静，也象征着老子澄潭千尺、清澈幽深的思维。”（范曾《老庄心解》）范曾先生笔下总把老子和天真无邪的童婴联系在一起，这与其说是他天才的艺术创造，不如说是他对老子思想的深刻理解和把握。

笔者读高中时开始接触《老子》，后来听人说《老子》这部书是要经常读的，随着年龄的增长和阅历的丰富，对《老子》会不断有新的理解。这话有道理，我确实这样做了，每两三年就认真研读一次。且不说对老子思想的认识在不断深入，即使老子的形象在我的想象中也在不断变化着。而立之年以前，我认为老子虽然很有思想和文采，但他说的话好像离我们很远，他几乎是一个孤傲和刁钻的老头，好开玩笑，有时还好“故弄玄虚”，真有点像他自己承认的那样“顽且鄙”。进入不惑之年，我想象中的老子是一位智者，他洞察自然规律和人事变化，他说的话无一不是字字珠玑，按照他的话去做，不仅可以明哲保身，趋吉避凶，后发制人，还可以阴柔进取，达到“无为而无不为”的人生佳境。只是到了知天命之年，我才真正认识到老子的崇高和伟大，他是那样的尽善尽美，他是大慈大悲的化身，他大声疾呼，要人类恪守天道和人道，完全是为了要实现人与自然的和谐、人与人的和谐、人自身的和谐，让人类永远生活在宁静安康之中，让每个人都能够颐养天年而善终。老子不但是智者，更是深具慈悲心肠的仁者。设想再过十年进入耳顺之年时，笔者对老子是否还会有更深的认识呢？不可逆料，只好以俟来日了。

第二章
人人关心的问题

自从开天辟地以来，有些问题是一直困扰和吸引着人们去思索去探个究竟的。对这些问题，不管是中国人，还是外国人；不管是古人，还是现代人；不管是哲学家、科学家、文学家和政治家，还是普通人，大家都很关注，也都在思考着。当然思考的方式和深度是各不一样的。然而，这类问题可能压根儿就没有最终的和最确凿的答案，所以任何人只能提出自己的初步看法，并不能彻底地回答它。那就只有不断地探索下去。我称此类问题，叫作人类的母问题。这既是人问，也是天问。这类问题当然不止一两个，但最具诱惑力和奥妙的可能是以下这样几个问题：我们人类赖以生存的宇宙是怎么来的？纷纭繁杂的自然和人事现象背后有没有共同的规律？人们在多变的现实生活中能否找到趋吉避凶的安康之路？我不敢说这些人人关心的具有永恒意义的问题，都被我们的智慧老人——老子圆满解答了，但我完全可以这样说，老子的回答是最具独创性和理性的，是最具知识性和实践性的，也是对人类最具善意和指导作用的。人类伟大的思想家、科学家牛顿的墓志铭上，有这样几句赞美诗：

> 大自然
> 和它的规律深藏在黑夜里。
> 上帝说，
> 让牛顿出世吧！
> 于是一切都在光明之中。

我们当然不好也拿这些诗句来赞颂老子，何况他老人家一生做人都坚持低调。也不好简单地拿老子和牛顿来做比较。但就揭示自然界的统一性、探求现象背后的规律而言，就对自然和人事的深刻洞察力来说，老子并不逊色于世界上任何一位思想家和科学家。

（一）

我出生在鲁西南的农村，孩童时的一首儿歌至今还记得清清楚楚：“天没边，地没沿，老和尚没有头发辫。”稍长，又从盲人说书者那里听到这样的戏文：“混沌之初不纪年，天连水来水连天。自从盘古开天地，方有日月入世间。盘古爷，一斧开天天无际，二斧开地地无边。三斧辟出黄河水，四斧辟出太行山……”关于我们这个宇宙或者说自然界是如何产生的？宇宙的初始状态究竟是个什么样子？世界上各个国家和民族都有这样那样的传说和神话，这更是古往今来思想家、科学家和宗教家没完没了进行探索的课题。笔者也不自量力，凭着好奇心的驱使，从20世纪80年代初就开始思考这些问题，虽然说不上像样的研究，也颇有一些收获和心得。要之，我坚信以下几点：①宇宙是逐步演化而来的；②时间和空间不能分开来考察；③宏观宇宙与微观世界是一回事，最大和最小是重合的。我不想在这里详细阐述自己这些不成熟的思想，我们还是来看一下前人对这些问题已经探索到什么程度了。当然，要全面罗列前人这方面的思想成果是不可能的，恐怕几十万字也说不完。我们这里就选两个最有代表性的、也是影响最大的关于宇宙学的思想成果吧！

一个是康德的星云假说。康德被世人认为是古希腊以来最伟大的哲学家，他也是一个颇有点古怪的人。他终生未娶，也从未离开过他出生和生活的地方——一个偏僻的小镇哥尼斯堡。康德生活机械呆板，平淡无奇，以至于哥尼斯堡人可以根据他每天散步的规律来校正手表。这些特点倒有点像老子。康德认为，太阳系是由炽热的“原始星云”发展来的。在遥远的过去，一团炽热的原始星云在旋转运动着。由于内部的质点吸引和排斥的相互作用，密度高的质点会把密度低的质点吸引过去，形成引力中心，这个中心质量越来越大，最后形成太阳。同时，由于旋转作用和排斥作用，还形成一个围绕太阳旋转的扁的云雾状物质环，这个环后来形成了围绕太阳运动的各种行星。康德还认为宇宙中的各个天体都是由星云发展来的。康德关于宇宙形成的星云假说，其基本思想是正确的，那就是说我们现在的宇宙是逐步演化而来的。

另一个是大爆炸理论。大爆炸理论是几代科学家探索的成果，也是现代宇宙学中最有影响、最广泛被接受的学说。其基本观点是：宇宙曾经经历了一段从热到冷的演化。在这个过程中，宇宙不断膨胀，物质密度不断变低。宇宙的整个演化过程就是一次巨大的爆炸。在宇宙的极早期，物质密度极高，温度在一百亿度以上，宇宙间只有一些基本粒子形态的物质。然后，宇宙迅速膨胀，温度很快下降，当温度降至十亿度时，化学元素开始形成；当温度降至一百万度时，形成化学元素的过程结束，宇宙间的物质主要是质子、电子、光子和一些比较轻的原子核；温度再降至几千度时，辐射同物质分离，宇宙间主要是气态物质。在引力的作用下，气体凝聚成气云，并进一步形成恒星、星系，最终形成我们今天能够观测到的宇宙。

我们今天已经无从考究老子是如何提出“道”这一重要概念的，但我们可以清楚地看到老子哲学体系的展开是从探索宇宙初始状态着手的。老子的《道德经》共八十一章，在它的开篇第一章即这样写道：“道可道，非常道；名可名，非常名。无名天地之始，有名万物之母。故常无欲，以观其妙；常有欲，以观其徼。此两者，同出而异名，同谓之玄。玄之又玄，众妙之门。”我们在现实生活中的很多场合，都会说某某领导或某某教授的讲话高屋建瓴，意思是这些讲话站得高、看得远，当然那可能包含应酬和溢美之词。但当我们诵读老子这一章千古奇文时，哪怕你对它的深刻含义还不完全理解，也能够感觉到它的高屋建瓴，它的气势磅礴，并油然而生庄严感和神圣感。那文字分明与人类及自然最神秘、最本质的东西相联系。

《老子》一书提到“道”的地方有七八十处之多，但对道的概念和特征进行集中阐述的，除了上面说的第一章之外，主要还有第四章、第十四章、第二十一章、第二十五章和第四十章。这几章的内容是：

道冲，而用之或不盈。渊兮，似万物之宗。挫其锐，解其纷，和其光，同其尘。湛兮似或存。吾不知谁之子，象帝之先。(四章)

视之不见名曰夷，听之不闻名曰希，搏之不得名曰微。此三者不可致诘，故混而为一。其上不皦，其下不昧，绳绳兮不可名，复归于无物。是谓无状之状，无物之象，是谓惚恍。迎之不见其首，随之不见其后。执古之道，以御今之有，能知古始，是谓道纪。(十四章)

孔德之容，惟道是从。道之为物，惟恍惟惚。惚兮恍兮，其中有象；恍兮惚兮，其中有物。窈兮冥兮，其中有精；其精甚真，其中有信。自今及古，其名不去，以阅众甫。吾何以知众甫之状哉?

以此。（二十一章）

有物混成，先天地生。寂兮寥兮，独立不改，周行而不殆，可以为天地母。吾不知其名，字之曰道，强为之名曰大。大曰逝，逝曰远，远曰反。故道大，天大，地大，王亦大。域中有四大，而王居其一焉。人法地，地法天，天法道，道法自然。（二十五章）

反者，道之动；弱者，道之用。天下万物生于有，有生于无。（四十章）

世界上任何一个大哲学家和大科学家，都想探寻宇宙的本原，都想寻找宇宙的统一性，都想描绘出一个他所理解的宇宙模型。不如此，好像其思维成果就没有终极的意义；不如此，好像就无法平抑那与生俱来的好奇心；不如此，好像就没有完成神圣的历史使命。然而实际情况却是这样：我们这些可敬的大师随着他们研究的深入，随着时光流逝而进入暮年，当他们再来郑重检点自己一生的创见发明时，往往会产生不可名状的迷惘和怀疑，往往会发出无奈的宇宙不可知论的感慨。牛顿的许多重要的科学成就都是在他四十岁之前完成的，他曾经在自己的不朽著作《自然哲学的数学原理》中自豪地宣称：“我现在就来说明世界体系的框架。”然而到了晚年，牛顿却非常谦逊地说：“我好像是在海滨上玩耍的孩子，时而拾到几块晶莹的石子，时而拾到几片美丽的贝壳并为之欢欣。那浩瀚的真理的海洋仍展现在面前。”爱因斯坦二十六岁时创立了狭义相对论，三十六岁时创立了广义相对论，爱因斯坦的科学成就对人类具有划时代的意义，他本人当年也非常自豪地说：“如果我不发现广义相对论，五十年内也不会有人发现它。”然而当爱因斯坦后半生想对宇宙的奥秘做进一步的探索，想建立他的“统一场论”时，却受到挫折而未能如愿。这位科学巨人在晚年也承认人的认识能力之有限，他说：“沉思不朽的生命之秘密，熟虑微觉的宇宙之构造，谦卑地接受出现在自然界的极为微小的启示等，对我而言，这些就足够了。”老子耗费大半生心血，探索出宇宙最本质的存在和最深刻的规律是“道”，想象他当时也必然会为此着实兴奋过一番。但当他晚年再经过仔细考量之后，当他向世人和后人传达他的最伟大发现时，却说出了“道可道，非常道；名可名，非常名”这样既高远深邃又悲怆无奈的话。

老子说他体悟到大道不可言传、不可指代，又认为宇宙的奥妙不可穷尽、不可究竟。我们不会因此抱怨老子，更不会因此小看他。这正是老子的伟大之处。这正是人类探索认识大自然的必然过程。

（二）

老子虽然认为大自然的神秘面纱不可豁然揭示，体悟到宇宙“大道”不可口耳相传，但他又多方设喻，从不同侧面和视角向世人揭示“道”的性质、内涵和功效，向世人描绘他心目中的宇宙模型和大自然演化轨迹。依据上文列举《道德经》五章中关于“道”的集中论述，再参照《道德经》其他有关“道”的一些界说，我认为，老子所说的“道”应主要包含以下九个方面的内容：

1. 道是物质和精神的统一，是“有”和“无”的统一。这正如老子所描绘的那样：“道之为物，惟恍惟惚。惚兮恍兮，其中有象；恍兮惚兮，其中有物。窈兮冥兮，其中有精；其精甚真，其中有信。”说“道”是有，亦非实有；说“道”是无，亦非真无。

2. 道不是任何概念和实有，任何概念和实有都不是道。就连“道”这个概念本身，也是不应该有的，只是为了表达的方便，才“吾不知其名，字之曰道，强为之名曰大”。

3. 道是绝对的存在，也可以说是绝对的有。但道又无形无状，视之不见，听之不闻，搏之不得。老子所描绘的“道”，就其形状和大小而言，很像现代科学所揭示的构成物质的“基本粒子”。只是道的内涵要远远比基本粒子更丰富。它不仅具有物质的特性，还具有精神的特性。

4. 道先于宇宙而生，无父无母，自具自足，独立不待。“有物混成，先天地生。”“吾不知谁之子，象帝之先。”这里有必要对“象帝”一词解释一下。“象帝”两字有许多不同的解释，我觉得王安石的解释比较妥帖，他在《老子注辑本》中说：“象者，有形之始也；帝者，生物之祖也。”用我们今天的话来说，那就是道产生于任何无机物质和有机生命之前。

5. 道产生天地万物包括人类，宇宙间的一切都是道的演化和派生。“渊兮，似万物之宗。”“道生一，一生二，二生三，三生万物。”要之，只有道是自生，万事万物都是它生；只有道是绝对，万事万物都是相对；只有道是必然，万事万物都是偶然；只有道是给予，万事万物都是接受……

6. 道是世界的本原和基始。宇宙的发展是从道开始的，宇宙的诞生就是道内部有和无矛盾的统一，相互激荡推演的结果。老子不仅认为有和无都统一于道，而且认为在道的作用下有和无相互转化和产生。“天下万物生于有，有生于无。”

7. 道不仅有发展和运动规律，而且道的发展和运动规律也是宇宙和包括人类在内的万事万物的发展和运动规律。或者说，道不仅产生宇宙和万事万物，它还赋予宇宙和万事万物与自己相同的特性和发展变化规律。

8. 道的运动规律最大的特点就是向着相反的方向发展。这当然也就是宇宙和包括人类在内的万事万物的运动发展规律。“反者，道之动；弱者，道之用。”

9. 道最深奥，也最现实，和每个人的生活都息息相关，没有哪个人能够摆脱。谁能够认识到道的神圣和规律，并能按照道的规律去行事，就算是得道之人，也可以说是有德之人。道德的本意就是得道。

有些西方自然科学家，他们对中国老子思想的理解也非常深刻。例如一个叫 F. 卡普拉的学者在《物理学之“道”》中提出这样的观点：物理学家与神秘主义者（按：这里主要指老子和道家的思想）的方法都是通过经验。物理学家们从实验中获得知识，神秘主义者则通过沉思下的省悟。经典物理学的机械世界观适合于处理我们日常的环境，它被成功地证明是技术的基础。神秘主义者的有机世界观把世界所有现象都看成是不可分割的协调整体的组成部分。而在现代物理学中发现，有机世界观似乎比机械世界观更为基本。越出我们日常生活的环境，机械的概念就会失去正确性，而为有机的概念所代替，它们与神秘主义者使用的概念很相似。卡普拉还认为：经典物理学的概念图式与科学理论及其所含的“自然定律”一样，都是有局限性的、近似的。而所有的自然现象都是互相联系的，要解释其中一个都必须了解所有其他的一切，而这是不可能做到的。现代物理学与神秘主义世界观都是由于人们探索事物本质的需要而产生的。它们对世界的描述之间有惊人的相似之处。二者都是人类精神的互补体现，一种是理性的能力，一种是直觉的能力。它们是不同的，又是互补的。不能通过一个来解释另一个，也无法从一个推出另一个。两者都是需要的，并且只有相互补充，才能更完整地理解世界。采用中国古人的说法，神秘主义者懂得“道”的本而不知其末，科学家则知其末而不知其本，但是这两者对于人都需要。卡普拉甚至还不无忧虑地提醒人们：“近代物理学所含有的宇宙观与我们当前的社会是不协调的。这种社会并没有反映出我们在自然界中所观察到的那种和谐的相互联系。要达到这样一种动态平衡的状态，就需要一种根本不同的社会和经济结构……整个人类文明的延续……取决于我们对东方神秘主义某些‘阴’的观点（按：这里所说的‘阴’，主要是指老子关于顺其自然和无为而治的思想）的接受能力。”

卡普拉对老子思想的认识虽然因种种文化的差异，有点像雾里看花，不那么精准，但他在整体上把握住了老子思想的精髓和实质。他不仅非常深邃地看到现代科学所揭示出来的种种规律和现象，越来越和老子的重要论断相吻合，而且他还非常高明和富有远见地指出，我们人类现实社会中所存在的种种弊端和矛盾，也应该用老子的智慧去化解，用老子的思想去纠偏。卡普拉堪称老子的真正知音。

我们赞叹老子的智慧，我们首肯老子对宇宙形成和自然规律的深刻认识，我们服膺老子对“道”的重大发现，还不仅仅是因为老子的这些思想揭示了多少客观真理，并被越来越多的人类新的思维成果和科学发现所佐证。老子的思想更加难能可贵的是，它高超的理性和直觉对后人具有不可估量的启迪和引导作用，它窃来的天火能够照亮黑暗和幽深，它的开放和丰赡能够吸纳更多的信息从而生发新的智慧之光。

话说到这里，我们有些读者可能会多少有点疑虑和不解：两千多年前的春秋时代，社会生产力那样低下，科学技术更谈不上发达，老子即便再有个人天赋，他凭借什么能对自然界有如此深刻的洞察和正确的把握，以至于他的一些著名论断使我们现代人都为之咋舌，为之倾倒。我们如此这般高地评价老子，是否在故弄玄虚，是否有意抬高先贤，是否把我们现代人的某些思想成果牵强地附会给老子。不是的，我说一说以下几点理由，大家看是否有道理：其一，人类学家认为，人类是不断进化的，但在两千年的时间内，人的脑容量并未有明显的增大，人的思维能力不会有大幅度提高。也就是说，春秋时代的人并不比我们笨，我们也不比老子他们更聪明多少。其二，据说宇宙已经诞生一百多亿年了，我们与老子只相隔两千多年，在探讨宇宙的形成和自然界的根本规律方面，面对着地老天荒，我们现代人和老子几乎是站在同一起点、同一高度上。其三，人类经过两千多年的探索，对一些事物有了很多新的发现和了解，但面对着苍茫无际的宇宙和神秘莫测的大自然，就未知领域来说，我们和老子相比，几乎是一样的大、一样的多。其四，两千多年来，人类的思想成果更丰富了，特别是科技有了巨大的发展，但很多思想成果转化为教条，学科的过细又远离了有机和整体。这两千多年的知识积累，对于认识宇宙的大道来说，还很难说是新的凭借，抑或是成为认识大道的障碍。老子在当年所处的那个时代，不就惊呼“为道日损”吗？具体的知识对他认识的大道已成为累赘。其五，我们的先贤包括老子在内，在探讨宇宙大道和人伦大法时，殚精竭虑，专心致志；仰观天文，俯察地理；远取诸物，近取诸身；披沙拣金，去伪存真；论不轻立，言不妄发，宁静致远，终其一生孜孜以求。我们现代人比较浮躁，很少有人能够做到。其六，老子确实是天纵之才。他和孔子一起代表着中国，和几乎同时代的古希腊大哲及释迦牟尼等，东西方相映生辉，共同撑起人类第一座智慧的殿堂，并深深影响着后来人类的思想和生活。老子和与他同样重量级的哲学大师相比，有许多共同的地方，还有他独特的地方。那就是老子博大精深的哲学体系，竟只有五千言；他那高深玄妙的真知灼见竟是用韵文表达出来的，每句话都是重要的命题和哲语。这在人类思想文化史上是绝无仅有的。因此，笔者坚信，我们对老子的智慧和哲理不仅没有赞美过头，而且相反，还因为有种种认识上的局限，老子思想中还有许多重大意蕴不为人们所发现。

（三）

什么是最精深的学问？什么样的学问最有用？什么样的学问最能传之久远和受人尊崇？这个问题可能会有若干个答案。但是如果评价中国的传统文化，司马迁的一段话可能会被很多人所接受。司马迁认为真正的学问是：“究天人之际，通古今之变，成一家之言。”司马迁对自己的学问也是这样自期和自许的。司马迁对大学问、真学问的这个希望和要求，如果用来评价老子的思想和学问，那是再贴切不过了。老子在“究天人之际”方面下了大功夫，他把“究天人之际”作为自己学说的出发点和落脚点；老子同样也重视人类发展的历史经验，他借助自己是国家图书馆馆长的优势，博览典籍和档案，因此老子的思想充满了对历史经验的借鉴和升华；至于“成一家之言”，那老子就更当之无愧了，在世界思想文化史上，老子的思想可以说是绝无仅有、独迈古今的。

所谓“究天人之际”，我的理解是：把人和自然放在一起来考察，研究天道和人道的共同规律，探寻天道和人道的相互关系，揭示天道对人道的作用和影响。应该说在我们的古圣先贤那里，重视天道和人道的关系，人应该顺应天道等思想，并不少见。不仅儒家和墨家是如此，法家和兵家也是这样。也就是说，不仅老子重视天道对人道的影响，其余各家、各学派也都重视天道对人道的影响。而问题的要害是，各家、各学派的天道只是他们借以说教的概念，他们对天道本身并未进行深入探寻，他们所讲的天道，无一不是人道的折射和类比。老子就不同了，他首先彻底研究透了天道，总结出天道的主要运行规律，然后才研究人道，推演人事的一切变化消长规律。

老子一再称自己是个“笨人”，他同时代的哲人大都认为“天道远，人道迩”，不愿过多地过问天道，起码不愿深入系统地探究天道，唯独老子愿意下笨功夫，对天道探求不已。那么，老子为什么这样重视对天道的探讨呢？那是因为在老子看来，天道和人道有密切的关系，天道和人道在很多方面遵循着共同规律，人道受天道的制约和支配。随着人类社会的发展和现代科学的新揭示，老子的思想被越来越多的事实证明其普适性和正确性，人们越来越认识到宇宙间包括人类在内的万事万物都存在着有机的联系，并在很多方面遵循着共同的规律。但是，在人类的认识史上，曾有这样两种极端的思潮长期左右着人们的思想和行动。一种认为天道就是有意识的各种神灵，不仅主宰着宇宙的一切，还包揽着人类的一切事务，决定着国运的兴衰和每个人的生死荣辱。应该说这种天道观，是一切宗教和神学的最根本思想基础，也是形形色色的政治家和别有用心的人装神弄鬼的理论依据。这种思潮对人类的负面影响自不待言，人类要用几千年的时间才能走出它的阴影和泥沼。人类所谓的不断进步和文明，正是一步一步和这种思想相揖别的过程。另一种认为天道和人道毫无关系，或者干脆就不承认有天道，人是万物的主人，人可以为所欲为，不仅可以背“道”而驰，还可以征服天地。要之，人是无所畏惧的。应该说这种天道观，往往可以使人变得无所顾忌，成为争夺和暴力的思想根源，更是人类向大自然无限索取和破坏的进军号。这种思潮对人类的负面影响才初现端倪，人类若是跟着它走必至死地。这种思潮虽然盛于近现代，实滥觞于古代。中国的王充和王安石就多少可以算是这方面的思想先驱。人类毕竟是伟大的，在她的前进历程中虽然有各式各样错误思潮的干扰和影响，但她的主线却始终是明晰和正确的。这正确的主线中当然包括数不清的思想家和科学家，而老子就有幸能成为其中杰出的一员。我们说老子伟大，说老子思想博大精深，正是基于他对天道研究的独特创见，基于他对天道和人道关系的正确把握。所以说，老子虽然下的是笨功夫，但他得到的回报却是丰厚的。

老子探寻天道的目的，最终是为了弄清楚人道的真谛，是为了掌握人事变化的总规律，是为了给每个人提供一剂处世良方。事实上，古往今来任何思想家和科学家，不管他探讨的具体领域是什么，最终也都是要落脚到为人类服务上。那么，人类或者说每一个具体的人，他最需要和最想知道的人事变化规律是什么？我想，一个王朝也好，一个具体的利益集团也好，一个具体的个人也好，他们想知道和掌握的世事变化规律可能不会是一个。但下面的问题，即如何能够走向成功？如何能够趋吉避凶？如何能够永远立于不败之地和永葆安康？我想，这是每个人都要考虑的问题，也是每个人都要实践的课题。

人类社会发展几千年，不知道在这方面留下了多少思想成果和教科书，也不知道在这方面有多少轰轰烈烈的社会实践活动，也无法说清楚围绕这个课题究竟发生了多少扣人心弦的生动故事。法家提出“法、术、势”，那是给君王支招，想实现皇权利益的最大化；儒家提出“修身、齐家、治国、平天下”，那是给每位士人规划人生美好蓝图；兵家总结出“兵法”，那是为了成就每位将军的盖世功勋；阴阳家给主顾指点迷津，是为了让人们趋吉避凶、遇难呈祥；宗教家给人超度和洗礼，那是为了让人不仅今生得到福祉而且对来世也心存希冀。就是普通的父母，在养育子女的同时，也给子女言传身教许多安身立命的经验；就是一位普通的师长，在给学生教授知识的同时，也给学生传授很多待人处世的诀窍；领导对部下的指点，也往往是如何如何才能取得成功，如何如何才能永远立于不败之地；同学和朋友在一起切磋，也往往是围绕着人生奋斗和追求幸福的话题来展开。人们探索了几千年，实践了几千年，真的找到了趋吉避凶、永葆安康的不二法门了吗？答曰：似乎找到了，又没有完全找到，还在继续寻找之中。再问一下，有多少人知道老子在这方面对我们的教诲呢？答曰：很少。又有多少人真的按照老子的指引去做，而实实在在地找到了终生永葆安康的幸福之路呢？答曰：更少。

老子依据天道和人道的共同运行规律，为人们指出了一条事业成功、趋吉避凶、永葆安康的幸福之路。老子在这方面对我们的谆谆教诲，主要包括以下十个方面的内容：

1. 人是大自然的一部分，人事兴衰的规律和大自然某些规律是相一致的。人处世举措要想得当和有章法，就要向大自然学习，就要不断体悟大自然的旨趣。老子说：“人法地，地法天，天法道，道法自然。”老子又说：“天长地久。天地所以能长且久者，以其不自生，故能长生。”

2. 大自然和万事万物都有其运行规律，人处世举措要顺应这些规律，不能恣意妄为。老子说："治人事天，莫若啬。"意思是说人处世举措要像种庄稼一样，自然成长，自然收获，应时而动。老子又说："知常曰明。不知常，妄作，凶。"意思是说能够认识到万事万物的不变规律就是聪明，认识不到而违背规律行事就会遭受祸害。

3. 顺应天时才能走向成功，无为无不为才是制胜的秘诀。人人都想成功，人人都想实现自我价值，但要实现愿望，不借助天时地利，瞎忙活一阵，很难有好的结果。掌握了事物的发展规律，顺水行舟，看似无为，实际是无不为，可收到事半功倍之效。老子说："道常无为而无不为，侯王若能守之，万物将自化。"老子又说："无为而无不为。取天下常以无事，及其有事，不足以取天下。"老子还发出这样的感慨："无为之益，天下希及之。"意思是说顺应自然规律行事所带来的好处，那是世界上任何事情都比不上的。

4. 老子发现宇宙间最重要的规律是"反者，道之动"，人们要想趋吉避凶、永葆安康，就要时时刻刻警惕这一点，时时处处把握这一关键。老子认为道和宇宙间万事万物发展变化有一个总的趋势和规律，那就是"反者，道之动"。即宇宙间万事万物都是向着它的反面发展变化的，都是循环往复的，否极泰来，物极必反。道的这个发展变化规律是绝对的、无条件的，宇宙间万事万物皆遵循此规律，人事变化亦概莫能外，盛极必衰，福祸相依。那么趋吉避凶、永葆安康的最好办法，就是什么事情都不要做过头，都要留有余地，所谓"花未开时月半圆"。老子又说："是以圣人去甚，去奢，去泰。"意思是说聪明的人不去追求极致，不做过头事。老子又说："故飘风不终朝，骤雨不终日。"意思是说轰轰烈烈和盛极一时的事物，都是短命的，都很难持久。老子还特别提醒世人："物壮则老，是谓不道，不道早已。"意思是说事物发展到一定程度就会衰老，衰老就走向了生命的反面，就会很快死亡。

5. 老子发现宇宙间第二个最重要的规律是"弱者，道之用"。人们想趋吉避凶永立不败之地，也必须理解和把握好道的这一规律和特性。“弱者，道之用”这句话有点费解，简单地说，就是道是通过柔弱的机制来发挥它的功效，来体现道的美好指向的。这当然是指宇宙间万事万物总的情况。那具体到我们人事的兴衰呢？那就是要求我们，一个人只有虚怀若谷、谦逊卑下、知荣守辱、坚忍不拔，才能够以柔克刚无往不胜，才能够汇集众力同声相求，才能够由小到大永葆生机，才能够趋吉避凶永立不败之地。老子这方面的言论很多，如：“柔弱胜刚强。”“强梁者不得其死。”“强大处下，柔弱处上。”“天下之至柔，驰骋天下之至坚。”“故坚强者死之徒，柔弱者生之徒。”“知其雄，守其雌。”“知其荣，守其辱。”

6. 老子考察到天地生育万物都是“生而不有，为而不恃”。因此他告诫人们一定要功成身退，不居功，不自傲。只有这样，才能天长地久，才能永葆安康，才不会前功尽弃。老子说：“功遂身退，天之道也。”老子又说：“不自伐故有功，不自矜故长。”

7. 贪得是败损之胎，厌求终招杀身之害。老子认为贪图名利和财货，不知休止地去索取，这有违天道，最终不仅不能拥有名利和财货，还必然会身败名裂，遗患无穷。老子说：“甚爱必大费，多藏必厚亡。”又说：“金玉满堂，莫之能守。”又说：“祸莫大于不知足，咎莫大于欲得。”

8. 知止可以远离祸害，知足是快乐之源。老子认为当止则止，这止的是祸害，留下的是安全。知足才是真正的富有，只有内心感到满足，才有真正的幸福和长久的快乐。老子说：“知止可以不殆。”“故知足不辱，知止不殆，可以长久。”又说：“故知足之足，常足矣。”

9. 老子反复阐发不争的道理和不争的好处，认为谁要是能够做到不争，则天下人都不能与之争，那么就不仅可以远离祸害和争斗，而且还必然会达到理想的佳境。老子说：“天之道，利而不害；圣人之道，为而不争。”又说：“夫唯不争，故无尤。”又说：“夫唯不争，故天下莫能与之争。”这真是最高级的辩证法。我们需要指出的是，老子的所谓不争，并不是消极地躲避，而是不勉强行事，不激化矛盾，求同存异，创造和谐发展和多赢的良好局面。老子不争的思想，还含有不争私利、不争意气、不计较末节，把握全面、放眼长远的意蕴和境界。

10. 老子苦口婆心地说了那么多警世恒言，他还怕别人不明白他的意思，又高度概括地说，我可以送给你们三件护身的法宝，只要记住我这三句话，并认真践行，安身立命也就万事大吉了。老子说：“我有三宝，持而保之。一曰慈，二曰俭，三曰不敢为天下先。”慈就是仁爱和宽厚；俭就是节约和收敛；不敢为天下先，就是不鲁莽行事，不把自己的位置和利益放在天下人之上。

我们的智慧老人老子，极深研几，洞察幽微，由天道推演人道，鉴往知来，原始反终，苦心孤诣地说了那么多金玉良言，为世人毫无保留地献出了人生宝典，那当然是希望人人都能够走向安康的幸福之路，人人都能够颐养天年而善始善终。然而，后来几千年的历史证明，正像当年老子所担心的那样：“吾言甚易知，甚易行。天下莫能知，莫能行。”还是有那么多人自作聪明，还是有那么多人厌求不已，还是有那么多人争斗不休……那结果当然是人间悲剧不断发生，盛极一时者多，善始善终者少。

在本章即将结束的时候，笔者还有两句话想说一下。这一章的内容，实际上主要是介绍老子对道的总体定义和阐发。这一章的题目之所以叫“人人关心的问题”，因为笔者认为这样更符合老子探讨道的本旨。笔者在多年研读《老子》的过程中强烈地感受到，《老子》主要不是思辨的哲学，老子探讨天道和人道的出发点，老子建立自己的哲学体系，就是要全面系统地回答人人关心的问题。那么，所谓人人关心的问题，正像笔者在本章一开始所谈到的那样，就是我们的宇宙是如何形成的？万事万物从哪里来？人在现实生活中如何能够走向成功、趋吉避凶和永保安康？应该说，老子通过对天道和人道的考究，理性而深刻地回答了这些问题。以后各章，将介绍老子关于人生和社会各个方面的具体思想。

第三章
大千世界冷眼观

我们人类所面对的客观世界是庞杂和无限的，所以佛教称之为“三千大千世界”，即人们常说的“大千世界”。《长阿含经》中说：“如是千世界，千世界中有千日月、千须弥山王、四千天下、四千大天下、四千海水、四千大海、四千龙、四千大龙、四千金翅鸟、四千大金翅鸟、四千恶道、四千大恶道、四千王、四千大王、七千大树、八千大泥犁、十千大山、千阎罗王、千四天王、千忉利天、千焰摩天、千兜率天、千化自在天，千他化自在天、千梵天。是为小千世界。如一小千世界，尔所小千千世界，是为中千世界。如一中千世界，尔所中千千世界，是为三千大千世界。”佛教的这些话我们未必句句信以为真，但它说宇宙是无限的，这倒符合现代科学所揭示的规律。这还只是说的宇宙其大无外。那么宇宙的其小也是无内的：分子下面有原子，原子下面有粒子，粒子下面有夸克，夸克下面还有……人类认识的对象还不止这些，诸如繁复多变的人事物移，也是人们要探究认识的对象。因此，探讨认识外部世界就成为人类精神活动的主要内容，在这方面也最能体现人的聪明和才智，当然也最耗费人的心血和情感。

有句话说得好：你怎样看世界，你就得到一个怎样的世界。是的，客观世界就是这样了，但它究竟以什么样的状况呈现在你的面前，这在很大程度上取决于观察者的心境和素养。有人说独立于人类之外还有一个客观世界，那不仅不可思议，同时也是没有任何意义的命题。要之，宇宙和人类密不可分，即使在地老天荒之时也是这样。人类几千年的发展史，也可以说就是人类不断认识和描述客观世界的历史。科学家在揭示世界，文学家在描述世界，哲学家在反思世界，宗教家在解释世界，艺术家在感悟世界，任何普通的人也都对世界有自己的看法，这当然又都相互吸收和融合。与其说世界是丰富多彩的，不如说人的认识是千差万别的；与其说世界是神秘莫测的，不如说人的认知是奥妙无穷的。

人们赞叹老子的伟大，人们感谢老子给后人留下了宝贵的精神财富，一个很重要的原因，就是老子为人类提供了一套独特的观察认识世界的心态和方法。经老子一点拨，山还是那座山，河还是那条河，人还是那个人；但山又不是那座山，河又不是那条河，人也不是那个人。老子虽然没有颠倒世界，但他扭转了人们心中的乾坤，那结果是展现了一片澄明景和的新天地。

（一）

提出用不同的心态和方法来观察我们这个大千世界，这是很多思想家和科学家都能够做到的。但老子却在人类思想史上最早、最系统、最理性地提出了一套全新的观察客观世界的方法和途径。老子这方面的论述很多，主要内容反映在以下章节里：

故常无欲，以观其妙；常有欲，以观其徼。(一章)

载营魄抱一，能无离乎？专气致柔，能如婴儿乎？涤除玄览，能无疵乎？爱民治国，能无为乎？天门开阖，能为雌乎？明白四达，能无知乎？(十章)

致虚极，守静笃。万物并作，吾以观复。夫物芸芸，各复归其根。归根曰静，是谓复命。复命曰常，知常曰明。不知常，妄作，凶。知常容，容乃公，公乃王，王乃天，天乃道，道乃久，没身不殆。(十六章)

见素抱朴，少私寡欲。(十九章)

大音希声，大象无形。(四十一章)

不出户，知天下；不窥牖，见天道。其出弥远，其知弥少。是以圣人不行而知，不见而名，不为而成。(四十七章)

为学日益，为道日损。损之又损，以至于无为。无为而无不为。取天下常以无事，及其有事，不足以取天下。(四十八章)

天下有始，以为天下母。既得其母，以知其子；既知其子，复守其母，没身不殆。塞其兑，闭其门，终身不勤。开其兑，济其事，终身不救。见小曰明，守柔曰强。用其光，复归其明，无遗身殃，是为袭常。(五十二章)

知者不言，言者不知。塞其兑，闭其门，挫其锐，解其纷，和其光，同其尘，是谓玄同。(五十六章)

我们过去评介《老子》的上述内容，往往把它归到“认识论”的范畴，并喜欢用一些哲学上的名词——诸如“神秘论”“先验论”来套解。作为学术研究，这样做未尝不可，但很难尽诠老子的本旨。大道之不可言喻，也正在这里。要之，笔者认为老子观察把握客观世界有以下几个特点：

1. 站在旁观者的角度，高处起点，大处着眼，用欣赏的心态看待宇宙万物。把认识考察客观世界的过程，变成非常愉悦的心灵之旅，悠然自得，乐在其中。

2. 心要极其虚广，性要极其沉静。不带任何个人杂念，最好像婴儿一样天真，像明镜一样无瑕，唯有这样才能完整地理解和反映迷离扑朔的大千世界，才能洞察事物的本质和原始。

3. 认识宇宙和万事万物的本质和规律，感官并不可靠，已有的经验和所谓的知识也可能成为误导。最重要的是心灵的碰撞，是沉思和感悟，是直觉和猛醒。终极真理产生于沉思之中，客观真象在直觉中显现。

4. 万物毕同毕异，大千世界在根本上是具有统一性和有机联系的。不能割裂开来孤立地看待每一个具体事物，要通盘考察。体悟到天道也明白了人道，知道了人道也有助于把握天道。

5. 观察宇宙和万事万物要看本质和发展趋势，不要被表面现象和暂时情形所迷惑。只有这样，才能发现真谛和真理，才能找到有大用的知识和学问。

6. 在茫茫无际的宇宙和繁复变幻的人事面前，要洞察其中奥妙和规律，不能靠小技巧和抖小机灵，这样于事无补。只有朴实和明诚、忘机又忘我，才能观察到事物的真象及其变化发展规律。

老子观察认识世界的特点当然还不止这些。老子关于认识论的思想虽然很多，但他最卓越的贡献，也是给后人在认识客观世界留下最大影响的，则是在人类认识史上第一次系统地提出要用“虚静”的心态和“玄览”的直觉来观察宇宙和万事万物，从而深刻把握宇宙和万事万物的本质与运动规律。老子说：“致虚极，守静笃。万物并作，吾以观复。”对老子这几句话的解释，虽然还有这样那样的分歧，但大的方面还是基本一致的。那就是：只有用极虚广和极清静的心态，来冷眼观察万事万物，才能正确认识万事万物的本质和循环往复的消长变化规律。《老子》文中的“虚”不宜解释为“空虚”，笔者以为解释为“虚广无际、包涵一切”更符合原意；“静”字也不宜解释为“安静”，根据老子的一贯思想，可解释为“清静”或“清静无挠”；“致”是“达到”的意思，“守”是“守护”或说“坚守”；“极”与“笃”意同，即“极其”。老子又说：“涤除玄览，能无疵乎？”意思是：洗除尽心目中任何污垢和灰尘，不留一丁点儿主观杂念，用直觉去洞察宇宙和万事万物的本质和变化。这里的“涤除”，应该说是“玄览”的条件，而“玄览”又是“涤除”的目的。“玄览”一词比较费解，历来说法很多，如果搞起训诂和掉起书袋来，这两个字恐怕万言也难以说尽。但笔者以为，简而言之，把“玄览”理解为“直觉的洞察”，应该说是比较符合老子原意的。“玄”有“幽深微妙”之意；“览”有“明鉴”和“一览无余”之意。要之，老子的认识论本质可以用“静观”两个字来概括。

用完全虚静的心态和直觉的方式来感知和洞察宇宙和万事万物，这在其他思想学派里也是有所论及的，只是都未有老子那样深刻、系统和理性。如佛教也是提倡要“虚”“静”，甚至还有一整套“戒、定、慧”的修炼和参禅方式。但它把整个客观世界都看成是虚幻不实的，所以不管如何的静观和体悟，都不可能得到客观世界的真象和找到有用的知识，最多只能提高个体的素养和安抚人的心灵。儒家也主张临物而静，如《大学》中说：“知止而后有定，定而后能静，静而后能安，安而后能虑，虑而后能得。”但儒家只是泛泛地提出这个问题，并没有上升到认识论的高度，更没有像老子那样对“静观”的价值、作用、要求、实现的途径进行深入系统的阐述。现在学术界有一种说法，说中国的传统文化其实是以老子和道教为主干。笔者并不赞同这种观点，这有点夸大其词，也不符合历史事实。毫无疑义，中国传统文化的主干是儒家，儒家的

“修齐治平”等理念，不仅教化着一代又一代炎黄子孙，也深刻影响着中华民族历朝历代的政治和经济，更不用说思想和文化。但仅就哲学而言，特别是如何认识和看待这个客观世界，如何照顾好每个人的心灵，老子又确有胜过儒家的地方。连西方的哲人黑格尔和海德格尔等人亦持这种观点。

宋代的程颢，虽然是程朱理学的代表人物，但他受老子和道家思想影响甚大，他写的一首《秋日偶成》的小诗，就对老子静观的旨趣进行了形象的描绘：

闲来无事不从容，睡觉东窗日已红。
万物静观皆自得，四时佳兴与人同。
道通天地有形外，思入风云变态中。
富贵不淫贫贱乐，男儿到此是豪雄。

宇宙间的万事万物，只有用虚静的心态去观察，才能看透其现象，才能得到真知。静才能观物，这在我们的日常生活中也是能感觉到的：当我们心绪烦乱时，就无法进行缜密的思考；当我们的身体处于运动状态中，就无法辨清周围的景象。当然，我们这里所说的心静，还达不到老子的“致虚极，守静笃”的境界。“万物静观皆自得”，静观不仅是洞察客观世界的绝妙方法和途径，静观本身就是一种超凡脱俗达观的生活态度。

如果说“静观”人们还能理解的话，那么老子的“玄览”就有点让人更摸不着头脑了。“玄览”真能洞察宇宙和万事万物的本质吗？沉思、直觉和顿悟真的那么神奇吗？这有根据吗？是老子故弄玄虚吧！说实话，笔者对“玄览”也曾有过怀疑。只是后来书读多了，渐明事理，对“玄览”逐步有了新的更正确的认识。柏拉图的理念说认为，人类所谓的获取知识和真理，实际上就是回忆和彰显人类已有的东西。佛教的“法不外求”和程朱理学的“格物致知”，也多少有点这方面的意思。特别是当我读了美国物理学家和哲学家 F. 卡普拉所著《物理学之道》时，确有醍醐灌顶之感，认识到老子之“玄览”绝非荒诞。书中说：我详细地论述了海森伯对量子理论的贡献，他的贡献显然意味着科学的客观性这一古典概念不再保持，从而近代物理学也正在向与价值无关的科学这种神话提出疑问。科学家在自然界中观察到的图像，是与他们头脑中的图像，他们的概念、思想和价值观密切联系着的。卡普拉这段话震古烁今，空谷足音，当然人们能够完全理解并接受它，还需要很长一段时日。如果真的在这个重大问题上人们的思想能够达成共识，那统摄科学和宗教的新的学说便会出现，那我们认识世界的能力和生活方式就会大为改观。话说到这里，笔者青少年时代的一个疑问也就迎刃而解了：那就是，我们为什么称科学家的科研成果为科学发明和科学发现，而一般不称为科学创造，其深意也正是因为人类所有的科研成果也都仅是发明和发现而已，这“明”和“现”的潜质却早就根植于自然界和人的大脑里。卡普拉提出这样的论断当然知道问题的严重性，他作为一个自然科学家更无意贬损科学的神圣和科学进步对人类的重大作用。因此，他又说：承认近代物理学与东方神秘主义者宇宙观的相似性，并不意味着科学家们应当放弃科学的研究方法，而像古代哲学家一样地去静坐沉思，凭直觉感知宇宙的奥秘。我们只能认为，它们是人类精神的两个方面，一种是理性的能力，一种是直觉的能力，他们是不同的，又是互补的。并且只有相互补充，才能更全面地认识世界。卡普拉是睿智的，也是老成的。纵观柏拉图和卡普拉等古圣今贤的思想，原来人类脑海中的记忆和图像与客观世界具有统一性和对应性，主客体是那样在深层次上紧密联系在一起。这样说来，老子的“玄览”就不是凭空瞎想，人类的沉思和感悟也都是有源之水和有本之木。

如果说“玄览”我们也能够理解的话，那么老子还有几句更“离谱”的话，不仅鲜为世人所理解，甚至成为很多人诟病和讥讽的把柄。这几句话是：“不出户，知天下；不窥牖，见天道。其出弥远，其知弥少。是以圣人不行而知，不见而名，不为而成。”“为学日益，为道日损。损之又损，以至于无为。”古往今来研读《老子》者，很少有人不误解老子这几句话的真实意思，现代学者更是据此给老子戴上“彻头彻尾的唯心主义先验论”的帽子。其实，老子说的这几句话，不是指人类学习掌握具体知识的过程，而是指出人类在认识天道即宇宙根本运动规律时所出现的情形。天道不仅在屋外，亦在室内；天道不仅在遥远，亦在近身；天道非小技小智可感知，天道惟沉思静观而洞悉。

（二）

老子用“静观”和“玄览”的态度，站在完全超然物外的旁观者角度，用冷眼来看待我们这个大千世界。人们只看到繁杂的现象，老子却洞察到事物的本质；人们只看到眼前的景象，老子已远瞩到将来之结局；当人们在为既得利益沾沾自喜时，老子却发出有所得便会有所失的忠告；当人们为失利而不安和追悔时，老子已开出了化解一切烦恼的药散。那么，老子究竟看到了什么呢？

老子看到人们背离大道和天真越来越远，代之而起的是机巧和虚伪。正所谓：“大道废，有仁义；智慧出，有大伪；六亲不和，有孝慈；国家昏乱，有忠臣。”

老子看到人们攻城略地和争斗不已，那两败俱伤是必然的结局。正所谓：“师之所处，荆棘生焉。”

老子看到很多诸侯王治国无方，上下失和，家邦不宁。正所谓：“法令滋彰，盗贼多有。”“民之饥，以其上食税之多。”

老子看到人们只知贪多和厌求，却不知如何保持它，转眼即失，正所谓："金玉满堂，莫之能守。富贵而骄，自遗其咎。"

老子看到人们只知逞一时豪强，欺寡凌弱，未想到头来身败名裂。正所谓："强梁者不得其死。""故飘风不终朝，骤雨不终日。"

老子看到人们只知道追逐奢侈新奇，不知道只有平淡和简朴才能带来真正的幸福。正所谓："五色令人目盲，五音令人耳聋，五味令人口爽，驰骋畋猎令人心发狂，难得之货令人行妨。"

老子还看到人生要面对诸多挑战和无奈，很多事情都事与愿违。想追求名利和财富，要付出很大的代价，最后也很难真正拥有它；想长生不老而永登寿域，然无常随时都会光顾，生命譬如朝露。正所谓："名与身孰亲？身与货孰多？得与亡孰病？甚爱必大费，多藏必厚亡。""出生入死。生之徒十有三，死之徒十有三，而民生生，动皆之于死地，亦十有三。"

老子看到了世界的混乱和人生的不幸，但他更看到了世界的和谐有序和人生的美好。世界是美好的，人生也应该是幸福的，真善美才是大千世界的真谛。人们只要顺应天道行事，只要不无谓地争斗和逞强，只要不过度地占有和贪求，整个社会都将是安宁的，每个人的生活都将是幸福的。

老子看到天道是善良和公正无私的，她厚爱一切生灵。正所谓："天地相合，以降甘露，民莫之令而自均。""天之道，利而不害。""天道无亲，常与善人。"

老子看到人们只要顺应天道而行，不过分争斗和厌求，相亲相敬，整个社会都会秩序井然，人人都可幸福安康。正所谓："甘其食，美其服，安其居，乐其俗。""不欲以静，天下将自正。"

老子更看到幸福主要不是外求和争取，最根本的是自身的修养和心理感受。正所谓："故知足之足，常足矣。"

老子凭着“静观”和“玄览”而冷眼看世界，他不仅看清了人类的悲凉和无奈，看清了人类福祉之由来。特别是他那独具的慧眼，还看清了宇宙万事万物的本质和变化规律。老子有很多对事物的独特分析和判断，不仅一般人难以理解，他自己也说“正言若反”。比如老子说：“天下皆知美之为美，斯恶已；皆知善之为善，斯不善已。”这句话的确有些费解。为什么人们知道了什么是美，就会有恶出现，或者说也就知道了什么是恶呢？原来老子是想告诉人们，天下万事万物都是相反而相成，没有不相待的东西。知道了事物的反面，也就了解了事物的正面；把握了事物的正面，也就完全认识了事物的反面。又如老子说：“知其荣，守其辱。”明明知道什么是荣耀和尊贵，为什么偏偏要坚守在屈辱和低下的处境呢？这是因为老子认为，万事万物都是向着相反的方向发展，只要能在不利的环境中坚守下去，就会逐步向有利的方向过渡。

（三）

老子“静观”“玄览”的认识世界的方法不仅对中国人的思想和世界观产生了深远的影响，就是对中国人的文学创作和艺术创作也起到了巨大的引导作用，从而使中国人的文学和艺术充满了“虚静”和“空灵”的色彩。且不说那一幅一幅充满机趣和灵秀的中国山水画，也不说那陆机和刘勰文论中的天外之音。甚至也不论及谢灵运、陶渊明、白居易、苏东坡诗文的超凡脱俗，我们且来欣赏一下王羲之的《兰亭集序》，那从头到尾，从内到外，从书法到文章，无不浸透和映照着老子“静观”和“达观”的意境。这个时候，再用文字来诠释《兰亭集序》已是多余，我们只是原原本本抄录下来，请读者参照老子的“静观”思想和意趣，自己去体会王羲之当时的情怀吧：

> 永和九年，岁在癸丑，暮春之初，会于会稽山阴之兰亭，修禊事也。群贤毕至，少长咸集。此地有崇山峻岭，茂林修竹，又有清流激湍，映带左右。引以为流觞曲水，列坐其次，虽无丝竹管弦之盛，一觞一咏，亦足以畅叙幽情。是日也，天朗气清，惠风和畅。仰观宇宙之大，俯察品类之盛，所以游目骋怀，足以极视听之娱，信可乐也！
>
> 夫人之相与，俯仰一世，或取诸怀抱，晤言一室之内；或因寄所托，放浪形骸之外。虽趣舍万殊，静躁不同，当其欣于所遇，暂得于已，快然自足，曾不知老之将至。及其所之既倦，情随事迁，感慨系之矣！向之所欣，俯仰之间，已为陈迹，犹不能不以之兴怀，况修短随化，终期于尽！古人云："死生亦大矣！"岂不痛哉！
>
> 每览昔人兴感之由，若合一契，未尝不临文嗟悼，不能喻之于怀。固知一死生为虚诞，齐彭殇为妄作。后之视今，亦犹今之视昔，悲夫！故列叙时人，录其所述，虽世殊事异，所以兴怀，其致一也。后之览者，亦将有感于斯文。

达到静观和玄览的境界，说到底就是能够更加超然和冷静地观察客观世界和自身。而做到这一点，对我们的人生是非常有益的。这不仅能够洞察到万事万物的真谛，而且会使我们的胸襟和情怀变得开阔和美好。只有一个超然和达观的人，才能体悟到天地之大仁，民胞物与，生大慈大悲心，与人为善；只有一个超然和达观的人，才能感觉到天地之大美，听到天籁之音，看到河山之秀，一花一木无不美不胜收；只有一个超然和达观的人，才能心旷神怡，宠辱皆忘，终生充满欢乐和安详；只有一超然和达观的人，才能淡泊宁静，志存高远，穷则独善其身，达则兼济天下；只有一个超然和达观的人，才可望成为一个高尚的人，一个纯粹的人，一个脱离了低级趣味的人。

对于我们每一位普通人来说，要达到静观和玄览的境界是很难的。因为，静观也好，玄览也罢，它们最重要的元素是虚静和心安。心安谈何容易！内有七情六欲之骚动，外有五毒八风之牵引，哪个不心猿意马，忐忑难耐。正如王阳明所说："破山中贼易，破心中贼难。"

老子不仅提出了"静观""玄览"的认识世界的方法，同时也从多个角度揭示了达到"静观""玄览"境界的途径。当然，要达到理想的"静观"境界，需要一个长期的修炼过程。根据老子的经验和指示，应该如何修炼才能达到静观呢？其要义大概有三：

一是专心致志，坚守虚静，找回人的本性，恢复到完全像婴儿一样天真。正所谓："专气致柔，能如婴儿乎？"老子甚至认为，如果天真柔顺得像婴儿一样，不仅可以达到心无挂碍，有利于静观，甚至还可以出现很多神奇的现象。老子说："含德之厚，比于赤子。蜂虿虺蛇不螫，攫鸟猛兽不搏。"

二是竭力排除一切杂念，甚至包括已经获得的所谓知识，实际上这些都可能成为静观的障碍。老子说："涤除玄览，能无疵乎？……明白四达，能无知乎？""自见者不明。"这就是说静观者的心境要像明镜一样，不能有丝毫尘埃和污秽；即使你什么道理都明白，观物时也不能带有任何成见。为了极言排除杂念和成见对实现静观的重要性，老子甚至提出有时也不妨来个绝圣弃智和闭目塞听。

三是要清心寡欲，不为物诱，不为情扰，保持心态的公正和平静。一个人如果利欲熏心，斤斤计较，情绪随时起伏，心乱如麻，那就会视物不清，甚至会颠倒黑白。所以，老子认为欲望是清心的大敌，清心是静观的根本。正所谓："不见可欲，使民心不乱。""五色令人目盲。""圣人常无心。"

我们一再强调，老子思想体系的一个特色是警醒和纠偏，他的认识论就更是这样。老子的静观也好，冷眼看世界也好，都是针对着世人的浮躁心态而来的，都是针对着人们的热眼看世界而来的。时至今日，人们不是还喜欢戴着有色眼镜来看世界吗？带着七情六欲来看世界吗？带着很多教条来判断是非吗？带着很多偏执和蔽曲来看待世界和自身吗？那这样观察到的结果，当然很难说是公平和正确的。我们在这里介绍老子的静观和玄览，推崇老子的冷眼看世界，并不是要大家忽视实践，摈弃有用的知识，只是一味地坐忘和苦思冥想，只是摸不着头脑地闹玄虚。实在是想让大家理解老子洞察世界的奥妙，用静观之水浇灭我们心头的浮躁之火，用玄览之睿点化我们眼中的蒙翳。

第四章
如何守住真善美

人类十分庆幸，我们在几千年的思辨和实践中提炼出真善美的概念。无论是西方，还是东方；无论是古代，还是当今，都无一例外地把真善美作为共同的价值取向。这是开天辟地以来人类最伟大的发明创造，这是人类最可宝贵的财富。人类把真善美作为共同追求的目标，这说明人类确实是万物之灵和宇宙之花。仅此一点，人类将永远不会颓败，人类前进的灯塔将永远闪烁。如果说地球是我们人类的共同家园，那真善美就是我们可爱家园中的绿茵和清泉。

但是，人类在探索和追求真善美的过程中，又远不是一帆风顺的。这不仅因为与真善美同行的还有假恶丑，更因为人们在追求真善美的行程中还有这样那样的迷惘和失足。那么，老子等大哲在我们的迷惘和失足处，又是如何当头棒喝指点迷津的呢？我们下面的文字就是和读者一起来讨论这个重大问题。

(一)

人类关于真善美的探讨和话题很多，各式各样的教科书对其定义和解释更是繁杂。但归纳起来，人们对真善美的研究不外乎以下三个方面：①真善美是如何产生的？即真善美产生的原因和机理。②真善美的本质是什么？即真善美各自的实质和内容。③真善美之间的相互关系，特别是真善美的统一问题。

真善美来自哪里？来自苍茫无际的宇宙，或是来自包含万有的心灵？古代东西方大哲几乎都无一例外地认为真善美来自大自然，天地间充满着真善美。老子说："上善若水，水善利万物而不争。"又说："天之道，利而不害。"老子思想的继承人庄子说："天地有大美而不言，四时有明法而不议，万物有成理而不说。"连不轻易言天道的孔子也说："天何言哉？四时行焉，百物生焉。"毕达哥拉斯、苏格拉底、柏拉图和亚里士多德，他们不仅认为宇宙是美的球体，宇宙是有序和谐的，甚至还用数学计算出各星体之间的比例。我们现代人当然也承认天地间存在着真善美，日月星辰、山川江湖、绿树繁花都是真善美的体现，但更愿强调人的主观能动性，认为人的社会实践活动创造了真善美。真善美究竟来自哪里呢？康德老先生的话更令人回味，他说："有两种东西，我们对它们的思考越是深沉和持久，它们所唤起的那种越来越大的惊奇和敬畏就会充溢我们的心灵，这就是繁星密布的苍穹和我心中的道德律。"要之，真善美既镶嵌于繁星密布的苍穹，也存在于包含万有的心灵，更因人类的社会实践活动而彰显。

至于说到真善美产生的机理和过程，也是众说纷纭的。有从字源和词意学上来解释的，如"羊大为美"云云。有中国的真善美起源于感觉说，有西方的真善美起源于游戏说。还有从人的心理功能上来探讨真善美发生机理的，说人们的心理功能可区分为理智、情感和意志三部分，因此相应形成了真、善、美三个范畴。当然，还有“劳动创造美”等响亮的说法。笔者认为，游戏说虽然是席勒和斯宾塞等大师提出来的，但总以为用游戏来况比真善美的产生有失轻浮。即使有现代科学根据的心理功能区分等，也总以为“情感”和“意志”实际还是难以区分的，因而使人感到“善”和“美”的产生模棱两可。恐怕这些都是书斋里的学问和戋戋小智，从某种意义上来说，可能都有一点道理，但远不能概括真善美产生的真正机理和过程。实际上，真善美产生的机理和过程要比这深奥得多、丰富得多、生动得多，亦是文字所无法表述和概念所无法界定的。

我们现在再来谈一下真善美的实质，或者说真善美的主要特征是什么？有的教科书上说：真，即合规律性，反映人同世界的认知关系。“真”是人们对于客观事物及其规律的正确反映，所以“真”也可称为“求真”。善，即合目的性，反映人同世界的价值关系。“善”通常被当作伦理学的概念，主要用于评价人的社会行为，所以“善”也可称为“向善”。美，即合感受性，反映人同世界的情感关系。对“美”的理解和感受个体差异性很大，所以“美”也可称为“爱美”或“审美”。还有的教科书上说：真，是客观世界的运动、变化、发展之中所表现出来的客观事物自身的规律性；善，是与社会发展规律相一致并推动社会发展的普遍利益；美，则是运用客观规律改造世界的实践活动的实现。当然，对真善美的定义还有其他的一些说法，这里就不一一列举了。

这些对真善美的种种定义，虽然不无道理，也都从某些方面揭示了真善美的实质。但是，从整体和倾向性上来说，还都是有很大缺失的。这些定义的共同问题是，未能从主客观高度统一上揭示真善美的实质，没有突显真善美是自我追求完美人格这一重要内涵。比如“真”，那不光是要求人类要爱智慧，要追求真理，要尊重科学，要努力反映客观真实；更是要求我们做人要真诚，要天真无伪，朴实无华，真实地对待自己，真实地对待社会和他人，说真话、办实事。比如“善”，那不光是要求人类的活动合目的性，整个社会规范保护多数人的利益；更是要求每个公民都有一颗善良之心、仁爱之心，要爱别人、爱集体、爱国家，热爱生命，热爱人类。再比如“美”，那不光是指要感知美，欣赏美；更是要求我们能有美好的理想和愿望，有美好的心灵和情操，有美的语言，有美的行动，有美的形象。

关于真善美的相互关系和真善美的统一，也是学术研究和社会实践的重大课题。西方自古希腊开始，就一直把真善美作为一个共同的命题来探讨。中国古代的思想家，虽然对真、善、美均有所论述，如老子对“真”的执着追求，如孔子提出的“尽善尽美”的境界，如孟子提出的包括仁、义、礼、智在内的“四端”学说，如荀子提出的“美善相乐”，等等。但真善美作为一个组合概念进入中国文化，据说是19世纪末或20世纪初由严复、梁启超、王国维、蔡元培等人，从欧美或日本的学术著作中译介而来的。说到真善美的相互关系，内容当然是很多的。如它们是递进关系，还是因果关系；是相互包含，还是有某些重合，笔者不想在此做过多的罗列。只是有一点是需要特别论述的，那就是在不同的思想家、哲学家、宗教家或科学家心目中，真善美虽然都非常重要，但排序或者说重要的程度是不一样的。一般来说，柏拉图是：真→善→美；老子是：真→善→美；孔子是：善→美→真；庄子是：美→真→善；康德是：善→美→真；黑格尔是：真→美→善。

各式各样的思想流派包括宗教在内，尽管对真善美的具体阐释和侧重是有差异的，甚至是有很大分歧的，但有一点却是共同的，却是百虑而一致、殊途而同归的，即都强调真善美的统一，都视真善美为鼎之三足，不可偏废任何一个支点。几乎所有的思想流派都宣布论证真善美的和谐统一是他们学说的精髓，追求真善美的和谐统一是每个人完善人格的必然要求，在全社会实现真善美的和谐统一是他们的理想世界。几千年来，人类正是在追求真善美的和谐统一的旗帜引领下，带着希望，带着梦想，谱写了一曲又一曲新的乐章。

（二）

或许是冥冥中的天意，或许是人类社会发展的规律就应该如此。人类把真善美作为共同的价值取向，人类不遗余力地追求真善美，人类缜密地思索着，坚强地奋斗着，辛勤地劳作着，希望生活更加美好，社会更加和谐。这当然没有错。但是人类始料不及的是，人类在追求真善美的征途上，却不是一帆风顺的。出现了那么多失足和歧路，时时陷入迷惘和彷徨的境地；人类的劳动成果被严重异化，很多追求的结果都是事与愿违；每一次前进和胜利，当还未来得及庆贺之时，新的魔障和灾难即已降临。人类似乎成了与太阳赛跑的夸父，又像向山顶推巨石的西西弗斯——人类真的回首检点自己的足迹时，已很难辨认哪些是前进，哪些是后退，哪些又是在原地打转转了。

事实不正是如此吗?

求真。追求真理，掌握知识，凡事问个究竟，探索万事万物的本质，寻找天上人间的规律，制造巧夺天工的器械，这既是人类的天性，也受巨大的好奇心所驱使。因此，人类在探索真理和创造发明方面，可以说是竭尽心智，毫不懈息，各逞其能，花样翻新——人类终于能使卫星上天、网连万家、克隆生灵。毫无疑问，知识和科技推动了人类的前进，给人们的生活提供了极大的便利，也使人类更加富有和文明。可是，知识和科技却是双刃剑，其负面效应岂止是三个指头和七个指头之比？君不见，环境的污染，生态的恶化，水已不清，天已难蓝，杞人再不是无故忧天；知识的爆炸，信息的泛滥，人类已剩下很小的生活空间；财富虽然囤积如山，好吃好穿，但幸福指数并不见增加。知识和科技会把人类带向何方，人类确确实实地感到不知所措和迷茫。这些使我们再一次想起，我们的先哲为什么会对“桔槔”这样小小的发明，也充满忧虑和不安，生怕它扰乱人们正常的生活和淳朴的心灵。即使仓颉造字这样纯粹好的事情，我们的祖先也想象成那当时的情景一定是“天雨粟，鬼夜哭”。大发明之后，既获大利，亦必有大麻烦！

向善。人皆有恻隐之心，人皆可以为尧舜，人之初，性本善，仁者爱人和博爱是东西方共同追求的目标，是人类最响亮的口号。人类在向善方面所花费的精力丝毫不逊于求真。人们把善作为一切美德的总称，人们以善规范每个人的行为，人们以善调剂人与人之间的关系，人们把善作为治国的方略，人们追求和向往处处充满仁爱的理想国。应该说，人之向善，犹如水之趋低，是很自然而然的事，一般不会有大的曲折。但在很多时间和很多地方，过高地要求向善已变成欺世的大言；有关道德的说教，有时竟成了扼杀人的自由和天真的砒霜；对于善，有人觉得高不可攀，有人觉得与己无关，更有人觉得于世无补；有多少思想家和政治家曾许诺带领大家走进尽善国，有多少次又都是让大家失望。更为可悲的还不止于此，而是不知从什么时候起，善与伪善竟成了形影不离的伴侣，成了连父母都难以辨认的双胞胎。

爱美。爱美之心人皆有之。人类对美的追求更是积极主动，也更为愉悦和轻松，连孔老夫子也知道人们要是像喜欢美色一样而喜欢道德，那世界上一切事情都好办啦！美的东西当然都是好的，是利人和悦人的，如美色，如自然风光，如服饰，如艺术，等等。人类追求美完全是应该的。那么，人类在追求美和审美中又出现了什么故事呢？要说这方面的偏差，大概主要有以下几点：一是追求美有时过了度，走向了反面，弄出许多丑事来，伤害了身体，伤害了性情，也伤害了道德。二是美丑不辨，非要把丑的当成美的来欣赏，来供奉，以致搞得乌烟瘴气，天怒人怨。比如热衷于血腥化的行为艺术者对人和动物施虐、施暴的“作品”，就是这方面的典型例子。我们的日常生活中，这方面的例子更多，诸如乌黑飘柔的秀发，非要染烫成一缕一缕怪诞的黄毛不可。三是在人则美，于己则丑，模仿失当，东施效颦和邯郸学步皆属此类。

老子生活的春秋时代，是一个大变革、大动荡的时代，说天下大乱也不过分。孔老夫子形容是“礼坏乐崩”。首先，人们一直向往和乐道的“三代”时期“天下太和、百姓无事”的美好生活已一去不复返，维系邦国和家族秩序的宗法制开始动摇，王室已没有绝对权威，政出多门，以下犯上之事不断，国家和人民都处于动荡不安之中。其次，五霸争雄，攻城略地，烽火四起，田园荒芜，士兵战死，百姓辗转于沟壑，正所谓“春秋无义战”。虽死伤无数，耗财无数，然无任何意义和是非曲直，无休止的征战只是满足少数人的野心和贪婪。第三，经过几百年的积累，春秋时期的科学技术和社会生产力都有了很大发展和提高。不仅天文、历法和数学有很大发展，制造业的水平更是达到了前所未有的新水平。然而，这很多的知识和科学发明，都被用到了惨无人道的战争上，都成了满足个人私欲的工具。第四，贫富分化加剧，社会矛盾突出。社会动荡和战争，成了少数人掠夺财富的良机。社会的整体财富是有限的，有些人富得流油，必然有些人一贫如洗；有些人有吃不尽的山珍海味，必然有些人食不果腹。社会的不均和不安，必然引起怨恨和反抗。因此春秋时期尽管国家“法令滋彰”，但仍然是“盗贼多有”。第五，随着社会的动荡不安，人们的信仰发生了变化，价值观发生了变化，生活态度也发生了变化，社会的公德也没有了保证。既然生活朝不保夕，既然什么都靠不住，那就什么也别信了，得过且过。因此，崇尚实力也就代替了信仰；追求现实利益和享乐就成了生活目标；智巧和诈伪也就胜过了正直和诚信，相互利用也就代替了真情和友谊。因此，整个春秋时期，尔虞我诈之事频仍不断，言行乖张之举比比皆是。世风日下，人心不古。

第六，动荡和巨变之际，最活跃的还是人心，最活跃的还是思想和学术。当此之时，各种思想流派应运而生，蜂拥而起。这是个需要大师也造就了大师的时代，也应了那句“国家不幸诗家幸”的老话。中国思想文化史上真正的“百家争鸣”，就发轫于这个特殊的时代。据前人考证，这个时期思想学术流派有数十家，当然真正成气候的、对当时及以后产生重大影响的只有九家。在这九家中，又以儒、墨等最为显赫。各家各派的学术思想和政治见解尽管不同，但他们的共同目的都是想匡扶时政，为当时社会寻找一条康庄之路，重建充满真善美的理想国。因此，这些思想家不仅广收门徒，著书立说，宣扬自己的学说，而且付诸实践，四处奔走，游说于各诸侯国，希望自己的理想能够变为现实。儒家想用“仁义”和“礼乐”来恢复社会秩序，安顿人心；墨家想用“兼爱”和“非攻”来制止战争和争夺，使人民永享和平；法家想用“法、术、势”和严刑峻法来巩固和扩大君权，对社会的邪恶加以打击和钳制……老子的思想也正是在这样的社会大背景下产生的，他对如何解决社会问题表达了非常重要而独特的一家之言。

（三）

老子的学说与儒、墨等各家都大相径庭，观察和思考问题的角度有很大的不同。《道德经》皇皇五千言，竟没有一个古圣先贤的名字和具体的历史事件。真如横空出世，不知由来；天外之音，响之久远。老子不点评具体的人和事，也不纠缠具体的是与非。老子用更高的视角来考察人类社会的种种现象，来剖析各种社会问题产生的根源和过程，特别是关于人类群体行为在哪里失足，人之本性在哪里泯灭，从而探讨纠偏和匡扶之策。老子认为，社会之所以会出现种种弊端，人性之所以被严重扭曲，就是因为人们的思想和行为背离了道——而道是包括人类在内的宇宙万物运行变化的总规律。背弃和偏离了大道，主要是由于人类在追求真善美中没有把握好法度，没有随时调整前进的航标，只知一味进取而造成的。老子认为，儒家和墨家的那一套根本无法解决严重的社会问题。甚至从某种意义上来说，“仁义”、“礼乐”和“兼爱”等，正是人们背离了大道才必然要出现的现象，他们是前因和后果的关系。比如一个赶路者，如果前进的方向出了问题，加速是没有用的，拨乱反正才是最急需的，有时倒退几步也是很有必要的。

老子对当时社会问题的认识既深刻、又尖锐，《道德经》五千言，一言以蔽之，是对现实社会的控诉和批判。在老子眼里，人们在追求真善美这三个方面都出现了问题和偏差，整个社会呈现出一种病态。老子的呼吁振聋发聩：“大道废，有仁义；智慧出，有大伪；六亲不和，有孝慈；国家昏乱，有忠臣。”“绝圣弃智，民利百倍；绝仁弃义，民复孝慈；绝巧弃利，盗贼无有。”智慧、仁义和忠孝，这是儒家所标榜也是人人所向往的，老子竟痛斥它们乃是祸乱之源。平心而论，老子说的这些现象都是存在的，老子的分析是有道理的。但人们很难接受老子的观点，多半人会疑问：仁义不是大道废弃的原因；智慧也不是大伪的必然前提；伦理失和与国家动荡之际，不靠忠臣孝子支撑又靠什么呢？实际上，老子并没有倒因为果，老子的见解有更深刻的所指。老子的真正用意是：人们不应该背离大道，一旦失去道，麻烦就会很多，即使用仁义等说教来引导人们的行为，亦是犹恐不及；智慧是好东西，人们有了智慧和知识就能做很多事情，但人为的东西与自然相比就有好也有坏，千万要警惕坏的和虚假的东西；父子、兄弟、夫妇关系是天伦，人人都应该相亲相敬，和睦相处，最好是也没有孝子、也没有忤逆；国家只要治理得好，太平无事，百姓安居乐业，官吏只是按章办事，哪还有忠臣和奸臣。老子当然有理想化的成分，但我们不能说老子所指引的方向不对。

人们不仅在追求真的方面出现了问题，在追求美的方面也是一样。

"天下皆知美之为美，斯恶已。""五色令人目盲，五音令人耳聋，五味令人口爽，驰骋畋猎令人心发狂，难得之货令人行妨。"老子的警告非常明确：追求美是无可厚非的，但你要当心。美和丑（恶）是紧密联系在一起的，它俩形影不离。美可以给人带来享受和快感，美具有巨大的诱惑力。因此，人们特别容易见美奋不顾身，结果追求过了头，不仅不是享受，还造成了伤害。你看，宛如虹霞的色彩不是很好看吗？但过多过滥的颜色会使人眼花缭乱；美妙的音乐不是很动听吗？但锣鼓齐鸣会把你的耳朵震聋；山珍海味当然好吃，但吃多了会使你倒胃口；骑马打猎是个很好的活动，但狂奔乱跑也会使你身心俱疲；奇宝异石人人求之不得，但它经常引诱人做出不轨之事。中国美学思想史中有"眩惑"一说，即被美搞晕了。老子正是这个意思，追求美可以，被美搞晕不值得。

如果说人们在追求真的过程中出现失误，主要是因为知识和技术都具有两面性，被双刃剑刺伤在所难免；如果说人们在追求美的过程中出现失误，主要是因为美具有巨大的诱惑力，不易自控而过度厌求走向了反面。那么，人们在追求善时失误的主要原因又是什么呢？老子认为，主要是人们没有很好地理解和把握善的本质和特性，那践行起来当然要出问题。老子对善的要求和期许没有像儒家和墨家等那么高大宏远，如"修身齐家治国平天下"啦，"摩顶放踵利天下"啦，"富贵不能淫，贫贱不能移，威武不能屈"云云，老子只希望"上善若水"，能像"水"一样就是尽善了。水有哪些美德呢？老子说："水善利万物而不争，处众人之所恶，故几于道。"水溉润万物而不与万物争利，并默默地流向众人厌恶的低洼之处，水的所作所为是符合大道的。水虽然柔弱普良，但它又坚强无比，无坚不摧，水滴石穿。老子说："天下之至柔，驰骋天下之至坚。""天下莫柔弱于水，而攻坚强者莫之能胜。"水不仅能普利万物，而且能摧枯拉朽，涤荡邪恶。可是，老子认为在现实生活中，人们在追求善的过程中，很多人却是背离了大道，没有一点水的性格。大家欲望过高，自矜、自伐，争强好胜。有些人自以为是在建功立业，实际上是“余食赘行”，于世无补，于人无益，自己劳神。

老子不仅全面指出了人们在追求真善美过程中的失足和偏差，而且还非常悲伤地向世人描绘出一幅随着知识和物质财富的增长，真善美却一步一步沦丧的生动画面。老子说：“上德不德，是以有德；下德不失德，是以无德。上德无为而无以为，上仁为之而无以为，上义为之而有以为，上礼为之而莫之应，则攘臂而扔之。故失道而后德，失德而后仁，失仁而后义，失义而后礼。夫礼者，忠信之薄而乱之首。前识者，道之华，而愚之始。”不用过多的解释，读者从这些文字的节奏和韵律上就能感觉到，世道是如何的每况愈下，现实是多么的触目惊心。

真善美变异的主要动因是人们太有为，有为即有伪，有伪即失去大道和本真；失去大道和本真，上德和大美就不存在；上德和大美不存在，就要靠仁义来支撑；仁义亦不复存在时，就要靠礼制来维系。当社会要靠礼制来维系时，即说明忠信已经荡然无存，各种丑恶和祸乱就要开始了。

老子对人类历史的发展虽然有点悲观，对现实社会问题的揭露也可能有点偏激，但老子的基本判断却是正确的。即使老子身后两千多年的当今，人类社会状况不也是如此吗！人类的知识有很大的提高，科学技术飞速发展，物质财富空前丰足。这些应该说都是好事，也标志着人类在进步。但人类面临的问题也越来越多，越来越突出。环境的污染，生态的失衡，几乎威胁人类的生存和发展；资源匮乏，文明冲突，对新领域的急欲占有，引发很多国际争端；贫富分化，就业困难，暴力事件，使人们倍感不安和压力；生活空间变小，干扰增多，竞争激烈，生活变得了无情趣；功利惟上，信仰动摇，蝇营狗苟，人生失去了宏大和庄严；失却本真，舍本逐末，落马首，穿牛鼻，由为而伪，真性不保；良莠难辨，曲直难分，恶紫夺朱，假作真时真亦假；欲壑难平，贪求不已，钱不厌多，名不厌大，知足之乐已无，争斗之害常有；亲戚之间，师友之间，同事之间，真情是有的，但利害也是风向标；诚信更是成问题，假冒盛行，尔虞我诈，随时都会上当受骗；美和丑的界限更是被混淆，泰半原本是丑的东西，如今却当作美来追求，来欣赏；心理被污染，如嫉妒、如攀比、如焦虑、如抑郁，这一支支带毒的翎箭，既射向他人，更射向自身；从植物到动物，从建筑到工艺，从身材到人才，都有速成，这品质和真假就应当大打折扣……

老子两千年前说的话不是危言耸听，我们人类所面临的社会问题也不是无限上纲、网罗罪名。实际情况确是这样。我们现实生活中的许多人，都多多少少有这样的感觉：生活虽然富裕多了，但开心的事却渐少了。特别是一些所谓的社会精英和成功人士，更是不堪重负，真想把手机扔掉，躲到荒无人烟的地方大哭一场，然后一个人对着明月清风好好休息几天。读书和交友不是最能解人忧愁吗？但现在书籍汗牛充栋，真正值得细细品读的好书又有几本？现代人的朋友都很多，但堪称知己的又有几人？“一壶浊酒喜相逢，古今多少事，都付笑谈中。”在过去司空见惯而人人能做的事情和享受，对今天的人来说已成奢望。现在酒的品类是多了，但慢慢斟酌的时间哪里有？与人交往就更难投机：与政界交朋友，不一定能受得了扑面而来的官气；与商界交朋友，即使对方没有商人气，也常常会自愧自己的土气和孤陋寡闻；与学界交朋友，现在真有学问的学者虽不多，但大都认为自己的发现超过爱因斯坦，自己是当之无愧的国学大师；与艺术界交朋友，更是光怪陆离，说不定对方正在琢磨如何拍广告，如何赚钱……凡此种种，哪能忘机地来畅谈，哪能得到真正的朋友之乐，哪能欣赏到高山流水。天地同理，古今同病，如何解决这些社会问题，我们还是看看老子当年指了一条什么路？给世人支了什么招？

（四）

如果说公元前 5 世纪前后东西方的几位大思想家，都怀有强烈的忧患意识的话，那么其中的老子则是对人类前途和命运表现得最为担心和忧虑的。老子不仅对各种社会弊端和人们行为的失误进行了淋漓尽致的揭露，同时也提出了最为彻底的匡正和救扶措施。老子睥睨诸子百家所提出的治国方案，他不认为儒家的“仁义”真的能够规范人们的行为，墨家的“兼爱”真的能够平衡各种社会关系，法家的“严刑峻法”真的能够治理好国家。在老子看来，诸子百家都是皮毛之见，都没有抓住问题的要害，因此也不可能从根本上解决社会所面临的问题。既然整个社会都呈现出一种病态，那么必须釜底抽薪，狠下猛药才能救治。老子给人类社会开出的一剂药方，就是四个大字：返朴归真。当然，老子以后的历史事实是，国家的主流意识并没有选择老子，大家并没有十分在意老子的警告，各阶层的人也大都不心甘情愿地饮下“返朴归真”这剂苦口的良药，而是在失足处越滑越远，那当然就要付出代价和吃点苦头了。

客观公正地说，中国秦汉以后选择儒家学说作为治国安邦的指导思想，是正确的，也是历史的必然。儒家的积极进取和高度负责的人生态度，儒家提倡的“仁义礼智信”的道德修养和人格完善，儒家设定的“君君、臣臣、父父、子子”各得其所的社会关系，儒家严格要求的克己复礼和尊卑有序的行为规范，儒家始终激赏的先国后家、先人后己甚至杀身成仁的崇高集体主义思想等，从根本上来讲，都是具有重大积极意义和进步作用的。没有儒家思想的指导和化育，就没有中华民族的统一和繁荣，就没有中华民族的历史和今天。如果说黄河、长江为炎黄子孙提供了乳汁，使他们骨骼强壮；儒家思想则为炎黄子孙灌注了灵魂，使他们懂得了人生的意义和价值。朱熹说：“天不生仲尼，万古长如夜。”这话从某种意义上来讲是有道理的。但是，任何思想和学说，都是有一利亦有一弊。特别是在漫长的社会实践和不断的变异之中，其流弊的方面还会日益凸显出来。其流弊日益凸显后，再不用其他相反学派的思想去匡扶和针砭，问题就会越来越严重。

事实不正是如此吗？儒家积极进取和对社会的高度负责态度，其流弊，也成了人们急功近利和追逐功名利禄的思想基础；儒家以“仁义”和“忠孝”相号召，其流弊，也成了人们大言欺世和各种弄虚作假的幌子；特别是儒家的一套纲常名教和繁文缛节，其流弊，竟成了扼杀人的天性和率真的桎梏。到了魏晋时期，人们终于忍不住儒家纲常名教的束缚和压抑，发出了“越名教而任自然”的呼喊。这实际上已经开始到老庄的思想里去寻求解救之策了。阮籍、嵇康等人，对儒家纲常名教在现实生活中的虚伪性进行了无情的揭露。阮籍在《大人先生传》里指出，所谓纲常名教，实际上是“坐制礼法”“束缚下民”“诚天下残贼乱危死亡之术耳”；所谓尊崇礼法的那些君子，不过是“假廉而成贪，内险而外仁，罪至不悔过，幸遇则自矜”、远祸近福、只求自安的“处裈之虱”。唐代老子的思想被推向空前的高峰，并终于形成儒佛道三足鼎立的局面，在政治上也开创了大唐盛世。宋明儒学已自觉不自觉地借助老子的思想，来构建自己新的思想体系。如陆九渊说：“人心有病，须是剥落，剥落得一番，即一番清明；后随起来，又剥落，又清明，须是剥落得净尽方是。”这简直就是老子“涤除玄览”思想的翻版了。对于儒家纲常名教的不满，就是文天祥这样的忠臣孝子，也不免发出“功名几灭性，忠孝大劳生”这样的感叹。明代的思想家李贽更是尖锐地指出，当时的价值观和所谓知识，只能使人泯灭天性和童真，并不能起到其他积极作用，他说：“若失却童心，便失却真心；失却真心，便失却真人。人而非真，全不复有初矣。”“然童心胡然而遽失也？盖方其始也，有闻见从耳目而入，而以为主于其内，而童心失。其长也，有道理从闻见而人，而以为主于其内，而童心失。其久也，道理闻见，日以益多，则所知所觉，日以益广，于是焉又知美名之可好也，而务欲以扬之，而童心失。知不美之名可丑也，而务欲以掩之，而童心失。”到了五四运动时期，国人几乎把中国的愚昧和落后都归怨于儒家的纲常名教，直至响亮地喊出了“打倒孔家店”的口号。鲁迅等人还通过文学作品深刻而形象地揭露儒家纲常名教对社会的腐蚀、对人性的扼杀，从而在满纸仁义道德的字里行间读出了封建礼教“吃人”的本质。这些现象的产生，儒家思想的流弊之所以越来越大，从某种意义上讲，也可以说是老子思想失去话语权，老子思想失去了对儒教纠偏和制衡的必然结果。

我们现在再回过头来，看一下老子当年匡扶时弊之策的“返朴归真”究竟包括什么内容。返朴归真可以说是老子思想的关键，是老子指导社会和人们行为的总要求，也是老子解决一切社会弊端的根本之策。老子认为，人们在追求真善美中之所以出现了问题，走向了反面，就是因为离开了朴和真。人们只要返朴归真，使思想和行为重新回到正确的轨道上，一切矛盾和社会问题便会迎刃而解，人们失去的自由和幸福便会找回，人们一直追求的真善美便会不期而至。返朴归真旨高意远，内容宏富，它至少包括以下八个方面：

1. 返朴归真，就是在思想和言行上和道保持一致，顺其自然。老子说：“人法地，地法天，天法道，道法自然。”又说：“是以圣人欲不欲，不贵难得之货；学不学，复众人之所过；以辅万物之自然，而不敢为。”关于道的本质和特性，我们在第二章里已经论述得很多。但道的最大特点就是道法自然。顺其自然，也并不是像有些人理解的那样，人类在大自然面前和社会活动中不需要主观能动性，完全可以无所事事。顺其自然，其精义是看透大千世界的变化规律和发展趋势，按照自然规律和社会发展规律行事，不妄断妄作，不胡来硬搞，顺势行事，适可而止。返朴归真是矫枉过正的不二法门，也是确保实现真善美统一的思想基础和指针。

2. 返朴归真，就是以真来统摄善和美，在真的基础上实现真善美的高度统一。老子之所以崇尚道，就是因为道是最真实的，永恒不变的，并且也是美和善的。老子对伪深恶痛绝，认为一有巧伪，万事皆坏。《道德经》五千言，从某种意义上讲，也可以看作是对巧伪的讨伐檄文。老子为何疾伪？那是因为老子认为巧伪是对道的最大背叛和背离，巧伪是假恶丑的温床。老子有一段集中论述真善美的话，老子说：“信言不美，美言不信；善者不辩，辩者不善；知者不博，博者不知。”知，即智慧和知识，是属于“真”的范畴。实际上，这一段话就是老子对真善美的总的看法。老子认为真善美的对立面就是不信、巧辩和杂乱（博），而这三者共同的特性是失真。因此，只要能防止不信、巧辩和杂乱，那离真善美的境地也就不远了。

3. 返朴归真，就是向天真和质朴靠拢，保持最纯洁的真善美。老子为了说明什么是天真和质朴，经常用“婴儿”作比喻，认为人应该像婴儿那样纯洁和中正。老子说：“含德之厚，比于赤子。”又说：“专气致柔，能婴儿乎？”老子甚至认为连婴儿的哭声，也都是中正与平和的象征。“终日号而不嗄，和之至也。”老子当然不是要求我们都回到婴儿状态，这里显然是比喻。我们今天不是还常说，要保持赤子之心嘛！也是同样的道理。只要看一下婴儿那一双双晶莹而无邪的眼睛，就知道我们这些成年人在追求真善美的道路上出现了多少偏差，走了多少弯路。老子还有一个比喻，叫“见素抱朴”。素，指未染色的丝布；朴，指未经雕饰的木头。老子当然知道染色的丝布更美丽漂亮，雕饰后的木头会有各种用途。但老子为何还是要求人们要见素抱朴呢？因为素里有天然的洁白，朴里有沁人心扉的芳香。染色和雕饰虽有物利和实用，但对完美不能说不是破坏和中伤。物如此，人心更是如此。

4. 返朴归真，就是要少私寡欲，有时甚至要剔除一些所谓知识和教理。老子主张“少私寡欲”，认为私心和欲望可以使人迷失本性，是追求真善美的大敌。这个道理比较好理解，因为“利令智昏”嘛。但是老子提出“绝智弃辩”和“绝学无忧”，认为知识和教理也会给人带来危害，也会成为人们追求真善美的障碍。老子的这番心意常常会被人误解，以为他老人家是在宣扬虚无主义。其实，老子的话是千真万确的。就是我们现代人，不也是在物欲面前迷失自我的同时，也被各式各样的所谓知识和歪理邪说所干扰吗？没有这么多的所谓知识和歪理邪说，我们现代人会有这么多负担和烦恼，会变得这样巧伪和复杂吗？明代有个叫袁宏道的人，有几句话说得很到位，也是指责有些知识会对人的天性带来破坏。他说：“有身如梏，有心如棘，毛孔骨节俱为闻见知识所缚，入理愈深，然其去趣愈远矣。”

5. 返朴归真，就是在追求真善美时要把握好度，过犹不及。如果说做任何事都要把握好度、过犹不及，也是孔子和儒家的思想，那么，老子对度的把握则更加严格。因为，在老子看来，任何事物先天都具有向相反方向发展的趋势。稍不留神，真善美就会变成假恶丑。老子说：“唯之与阿，相去几何？美之与恶，相去何若？”意思是说正确和错误仅是一步之遥，美善和丑恶也相去不远。老子还特别强调指出，做人做事都要“去甚，去奢，去泰”。“甚”“奢”“泰”三个字意思差不多，都是过分的意思。老子认为，人们只要能去掉这三个字，思想和言行都不过分，也就是“圣人”了，也就符合大道了。事实不正是这样吗？你看我们今天现实生活中的一些矛盾和弊端，不都是因为人们过分贪求、过分享受和过分言行所造成的吗？

6. 返朴归真，就是要和光同尘，慈俭不为天下先。如果说从根本上讲万事万物都是毕同毕异的话，那么老子则更强调事物相同的一面。老子认为宇宙间万事万物都统一于道，万事万物之间的差异只是暂时的和表面的，其本质相同才是真实的和永恒的。基于这样一个思想，老子认为做人行事也要求同存异，和睦相处，而不要锋芒毕露，唯我独是。老子说："挫其锐，解其纷，和其光，同其尘，是谓玄同。""玄同"之境，也就是道之境，真善美相统一之境。老子为了使世人能够更好地返朴归真，真正实现真善美的统一，他还把自己的看家本领告诉大家，他说："我有三宝，持而保之。一曰慈，二曰俭，三曰不敢为天下先。"

7. 返朴归真，就是要和各种乖张行为划清界限，绝不与背道者合污。老子疾恶如仇，对那些背道而行的人嗤之以鼻，冷嘲热讽。老子鄙夷那些不循大道而好走捷径的人，指责他们虽然"服文彩，带利剑，厌饮食，财货有余"，而其实与强盗无异。因为这些人唯利是图、唯享乐是求，又不关心他人，逞个人的小聪明办事，完全有悖于大道和真朴。老子讽刺那些"企者""跨者"和"自伐""自矜"者，都是"余食赘行"，完全是下贱和多余的东西，令人生厌。因为这些人的行为有悖于循序渐进和"为而不恃"的天道，当然于人于己也都是不利的。老子甚至诅咒那些严重背道而驰的人，会"强梁者不得其死"，是"不知常，妄作，凶"。老子在他的《道德经》里，经常使用"去彼取此"一语，意在指明哪些事是应当做的，哪些事是应当坚决反对的。老子认为，只有用大道来规范每个人的言行，整个社会才会淳朴安宁，真正意义上的真善美才会变为现实。

8. 返朴归真，就是对真善美既要追求和创造，更要坚守和保持。老子不反对追求真善美，也不一概地反对人们在现实生活中创造真善美。但是，老子更强调对真善美主要是坚守和保持，其次才是追求和创造。老子的这一思想，主要是根据这样两个判断得出的：一是老子认为天地本身有大美和大善，人的本质也是天真和美善的；二是老子认为人们的任何追求和作为，都有可能偏离道，都有可能给天真和美善造成破坏。因此，在《老子》短短五千言中，就有数十处是讲"守"和"失"的。如："知其雄，守其雌。""知其白，守其黑。""知其荣，守其辱。""多言数穷，不如守中。""金玉满堂，莫之能守。""致虚极，守静笃。""轻则失本，躁则失君。”“为者败之，执者失之。”“侯王若能守之，万物将自宾。”“不失其所者久。”“复守其母，没身不殆。”对真善美守而不失，这一思想确实精辟而深刻，而且对人生更是具有指导意义。回顾一下我们人类几千年的文明史，很多美好的东西都是在所谓的追求和作为中失去的。真善美失落的过程大致是这样的：由于人的过度智巧和做作，人们和社会往往先失去了真，然后又失去了善。真善既失，美也就无从存在了。当然，坚守并非易事。要耐得住寂寞，要挡得住诱惑，要不惧世俗的冷眼，要有冰清玉洁之操。人们往往是不辞千难万险，却畏惧寂寞和孤独；人们往往是能统领千军万马，却管不住自己的方寸。唯如此，坚守更显可贵。实际上，人类真善美的熠熠薪火，正是靠那些寂然不动、特立独行的有志之士来传承的。

真善美是人类的共同价值取向。只要人类还继续繁衍和发展，人类就不会停止对真善美的追求。同样，人们在追求真善美的过程中仍然会像以往那样出现偏差和失误。那么，老子以真统摄善美的光辉思想，和用“返朴归真”来矫正各种流弊的肺腑之言，就需要我们经常聆听和借鉴，就有永恒的警醒和指导意义。

第五章
相反相成揭真谛

人类从诞生之日起，为了自身的生存和发展，或者说为了更好地生存和发展，一刻也没有停止过对自然规律和人类社会发展规律的探索，一刻也没有停止过揭示万事万物繁杂现象背后的简单实质。时至今日，没有谁能说清楚我们人类已经发现了自然界和人类社会多少大大小小的规律，揭示了多少大大小小的客观真理。但是，我们人类已经认识和揭示的对自然界和人类社会都起作用的最重要最普遍的基本规律，如因果律、对立统一规律等，却是屈指可数的。老子所揭示的宇宙间万事万物都具有相反相成的规律，就是属于自然界和人类社会所共有的基本规律，并且对于提升人们的认识水平和指导人们的行为，至今仍具有极大的价值和意义。

（一）

所谓“相反相成”，它是指这样一种思想：即宇宙间万事万物都是由两个相互对立的东西组成的，这两个相互对立的东西在同一个统一体内，都以对方的存在为自己的存在条件和前提，而且相互作用，相互转化。相反相成很有点现代哲学的对立统一规律的味道。相反相成既然是宇宙间的普遍现象和规律，那就不独老子，而且会有很多哲人去发现它、阐述它。事实正是如此。

中国应该是最早发现相反相成这一宇宙间普遍规律的国家。就拿对中国传统思想文化影响至为深远的《周易》来说，这方面的思想就十分丰富。《周易》中最重要的概念就是“阴”“阳”，用符号表示就是“--”“—”两爻。《易传》中说：“观变于阴阳而立卦，发挥于刚柔而生爻。”又说：“一阴一阳之谓道。”《庄子》中也说：“《易》以道阴阳。”《周易》不仅其基本概念是阴阳的对立，就是其整个哲学体系也都是围绕着相反相成这一规律而展开的。如《周易》的另一个重要范畴八卦，也是由四对相反相成的对立统一体组成的。即：乾坤、震巽、坎离、艮兑。对《周易》进行阐发和具体应用的五行学说，即金、木、水、火、土，也无不都充满了相生相克的关系。《周易》和后来逐渐形成的易学历来号称博大和繁杂，这正如《四库全书总目提要》中所说：“《左传》所记诸占，盖犹太卜之遗法。汉儒言象数，去古未远也；一变而为京（房）、焦（赣），入于禨祥，再变而为陈（抟）、邵（雍），务穷造化，《易》遂不切于民用。王弼尽黜象数，说以老、庄，一变而胡瑗、程子（颐），始阐明儒理；再变而李光、杨万里，又参证史事，《易》遂日启其论端。此两派六宗，已互相攻驳。又易道广大，无所不包，旁及天文、地理、乐律、兵法、韵学、算术，以逮方外之炉火，皆可援《易》以为说，而好异者又援以入《易》，故《易》说愈繁。”但是，在中国古代各家各派思想家之间尽管差异很大，甚至大相径庭，但他们大都以阴阳的对立变化作为其立论基础，以万事万物都相反相成作为其认识问题和解决问题的关键。如董仲舒在《春秋繁露》中说：“物莫无合，而合各有阴阳。阳兼于阴，阴兼于阳。夫兼于妻，妻兼于夫；父兼于子，子兼于父；君兼于臣，臣兼于君。君臣、父子、夫妇之义，皆取诸阴阳之道。”

宋代的哲学家和易学家周敦颐的《太极图说》，可以说把这种宇宙间万事万物都是阴阳对立变化和相反相成的思想，做了生动形象和深刻系统的描述。《太极图说》全文如下：

> 无极而太极。太极动而生阳，动极而静；静而生阴，静极复动。一动一静，互为其根。分阴分阳，两仪立焉。阳变阴合，而生水、火、木、金、土。五气顺布，四时行焉。五行，一阴阳也；阴阳，一太极也。太极，本无极也。五行之生也，各一其性。无极之真，二五之精，妙合而凝。乾道成男，坤道成女。二气交感，化生万物，万物生生，而变化无穷焉。惟人也，得其秀而最灵。形既生矣，神发知矣，五性感动而善恶分，万事出矣。圣人定之以中正仁义而主静，立人极焉。故圣人“与天地合其德，日月合其明，四时合其序，鬼神合其吉凶”，君子修之吉，小人悖之凶。故曰：“立天之道，曰阴与阳；立地之道，曰柔与刚；立人之道，曰仁与义。”又曰：“原始反终，故知死生之说。”大哉易也，斯其至矣！

中国传统的这种万事万物皆相反相成的思想，到了明末清初思想家方以智那里，发展到了一个新的高峰。方以智在他的哲学代表作《东西均》中，明确提出了“尽天地古今皆二”的矛盾对立思想，他说：“一不可量，量则言二，曰有，曰无，两端是也。虚实也，动静也，阴阳也，形气也，道器也，昼夜也，幽明也，生死也，尽天地古今皆二也。”方以智还提出了“合二而一”的矛盾统一思想，他说：“两间无不交，则无不二而一者。”“交也者，合二而一也。”“天地间相反者相因，而公因即在反因中。”他还十分感慨地说道：“吾尝言天地间之至理，凡相因者皆极相反。何其颠倒古今而臆说乎？此非我之臆，天地之臆也。”“则所谓相反相因者，相救相胜而相成也。”方以智甚至非常天才地总结出统一体内两个相互依存的矛盾事物相互转化的公式，即“交”“轮”“几”。“交也者，合二而一也；轮也者，首尾相衔也。”“几者，微也，危也，权之始也，变之端也。”还说：“交以虚实；轮续前后；而通虚实前后者曰‘贯’，贯难状而言其‘几’。”

万事万物皆相反相成的思想，不仅在中国思想和学术界占有重要位置，在民间和普通群众中也有广泛的影响和认同。比如大家经常说“没有高山显不出平地”，又说“好事和坏事是兄弟”“有冬有夏才成季节”，等等。普通人得出的这些结论，一是受书籍和戏文的影响；二是他们对日常生活的观察和感悟；三是说明了相反相成的确是宇宙间的普遍规律。

在西方哲学发展史中，对相反相成规律的认识虽然远没有中国这样系统和深刻，但很多哲学家也都明确地提出过这一命题。如毕达哥拉斯学派就认为：数目的元素是偶和奇，其中偶为无限，奇为有限。整个宇宙由十对矛盾统一体所组成，即有限和无限、奇数和偶数、单一和众多、左方和右方、阳性和阴性、静止和运动、直线和曲线、明亮和黑暗、善良和邪恶、正方和长方。再如库萨的尼古拉认为：上帝创造的宇宙是一个不同部分的和谐整体，万事万物都是由对立面组成的。极大与极小都同样是最高级的，因此，绝对的量是极大的量或极小的量的比率是相等的，在它之中极小与极大是重合的。同样，无限的曲线和直线也是统一的。直线、三角形、圆形、球形在无限中也是统一的。还有布鲁诺，他更是鲜明地提出对立面吻合于一，一切事物都由对立面组成。他甚至说：“谁要认识自然的最大秘密，那就请他去研究和观察矛盾的对立面的最大和最小吧。深奥的魔法就在于，能够先找出结合点，再引出对立。”

（二）

如果说古今中外很多思想家都揭示并阐发了相反相成这一普遍规律，那么，老子对相反相成这一规律的揭示和阐发是最为深刻、系统和独创的。特别是老子强调要十分注重矛盾体中“弱小”这一方的作用，和他运用相反相成这一规律来指导人们的行为等真知灼见，是很多思想家所无法比拟的，其理论价值和实践意义都是无法估量的。老子堪称人类最早的辩证法大师。老子对相反相成这一规律的揭示和阐发，主要包括以下五个方面的内容和特点：

1. 老子认为相反相成是宇宙间和人类社会中最普遍的现象，《老子》短短五千言，竟分析列举了八十多对相反相成的事物和概念。如有与无、福与祸、强与弱、牝与牡、雄与雌、母与子、刚与柔、得与失、损与益、胜与败、兴与废、予与夺、利与害、白与黑、荣与辱、存与亡、治与乱、贵与贱、正与奇、静与躁、轻与重、清与浊、虚与实、智与愚、巧与拙、辩与讷、盈与竭、明与昧、美与丑、善与恶、难与易、长与短、高与下、前与后、多与少、大与小、敝与新、枉与直、厚与薄，等等。在老子看来，考察了解任何事物和现象，都要从有关这一事物和现象的相反相成的两个方面去分析，才能把握事物的本质和特点，才能找出事物发展变化的轨迹，才能制定解决矛盾的方略和办法。正如前面我们所谈到的，虽然很多思想家都认识到相反相成存在的普遍性，但没有哪一个思想家像老子一样，对这个规律把握得如此透彻，以至于把它当成观察分析一些问题的关键和钥匙。

2. 老子从宇宙生成的基始上揭示了万事万物为何皆相反相成，从而使我们对相反相成这一普遍规律深信不疑。虽然很多思想家都论述了相反相成这一普遍规律，但很少有人像老子那样，从根本上指出万事万物之所以会相反相成的原因。如果说在《老子》的八十一章中，有几章是全书的纲领的话，那就应该是它的前两章了。而《老子》的第一章和第二章，最重要的观点就是宇宙从基始上就是一物两体，万事万物共同的特性就是相反相成。不无遗憾的是，我们的读者很少能从这个视角来读解前两章。现在再把《老子》的第一章和第二章抄录一下，想必大家都会自见其意："道可道，非常道；名可名，非常名。无名天地之始，有名万物之母。故常无欲，以观其妙；常有欲，以观其徼。此两者，同出而异名，同谓之玄。玄之又玄，众妙之门。""天下皆知美之为美，斯恶已；皆知善之为善，斯不善已。故有无相生，难易相成，长短相形，高下相倾，音声相和，前后相随。是以圣人处无为之事，行不言之教。万物作而弗始，生而不有，为而不恃，功成而弗居。夫唯弗居，是以不去。"

一经提醒，我们从这个视角来解读《老子》第一章和第二章，那么《老子》前两章的真实意蕴便洞若观火。《老子》第一章的落脚点，或者说老子要告诉世人的是——"此两者，同出而异名"，即宇宙从诞生之时起即是一个矛盾统一体。老子还强调说，这就是"众妙之门"，即告诉大家认识万事万物都要着眼于这一特性。《老子》第二章的落脚点，或者说老子要告诉世人的是——"故有无相生，难易相成，长短相形，高下相倾，音声相和，前后相随"，即宇宙间万事万物都不是独立存在的，都是相反而相成的。老子还怕别人不理解他的意思，接着又强调说，他最推崇的思想"无为"也是根据宇宙间相反相成这一规律提出的。事实上，《老子》以后的七十九章，从某种意义上来说，都是对前两章的解释和阐发。换句话说，《老子》五千言立论的基础和出发点，都没有离开"万事万物相反相成"这一基本的判断和前提。当然，需要指出的是，老子眼中的相反相成，其内涵远比我们一般人理解的丰富得多、深刻得多。《老子》第四十二章实际上也是在讲万事万物为何皆相反相成。"道生一，一生二，二生三，三生万物。万物负阴而抱阳，冲气以为和。”两个相反相成的物体或事物的来源都是一个共同的母体，即“一生二”；任何事物都是“负阴而抱阳”，都是对立的统一，所以它们都是相反而相成的。这样一来，老子就不只是一般地指出万事万物相反相成是普遍的现象，而且深刻揭示了万事万物相反相成存在的奥秘：它根植于大道，它符合自然法则，它亘古不易，它遍布天上人间。

3. 相反相成的万事万物，它们将如何发展变化呢？老子高度概括为“反者，道之动”。老子认为，任何事物都向着它自身相反的方向发展，这个趋势人力不可阻挡，因为这是大道的规律和力量。老子有一段很有名的话，用来说明他的“反者，道之动”的道理：“祸兮福之所倚，福兮祸之所伏。孰知其极？其无正也。正复为奇，善复为妖。人之迷也，其日固久矣。”人们在议论老子这段“ 祸福相依”、好事可以变成坏事、坏事可以变成好事的话时，经常要举出“塞翁失马”这个例子。“塞翁失马”这个故事为大家所熟知，用它来佐证老子的某些思想，再贴切不过了。

“塞翁失马”的故事见于《淮南子》。说的是古代的北部边城里，住着一位老人叫塞翁。一天，塞翁养的马群忽然丢失了一匹，邻居们闻讯都来劝慰他，让他想开点。但塞翁却笑哈哈地说：“这很难说是坏事还是好事，说不定还会带来什么福气呢！”果不其然，几天后丢失的马不仅自动返回，还带回来一匹骏马。邻居们闻讯后又都来祝贺，塞翁却满腹忧虑地说：“白白捡一匹马，也未必是好事，说不定会有什么祸害。”塞翁有个儿子，喜欢马术，看到新来的马膘肥体壮，就骑上这匹马去兜风。不幸的是，塞翁的儿子骑马摔断了腿。邻居们闻讯后又都来劝慰，塞翁却高兴地说：“腿摔断了，却保住了命，这说不定是好事呢！”果不其然，没几天官府就来抓壮丁，很多年轻人被迫参军最终都送了命，塞翁的儿子却因腿残而保住了性命。如果说“塞翁失马”的故事有太多的巧合，那么类似的情形，坏事变成了好事、好事变成了坏事却时时刻刻都在发生，是非常普遍的现象。难怪老子感叹“孰知其极？其无正也”，即谁知道最终的结果会是什么样呢，好像没有固定的标准和答案。

这里还有一点需要说明。“反者，道之动”虽然是事物发展的普遍规律，“祸福相依”虽然是普遍现象，但人们似乎并没有认识和掌握这一规律，而总是好事来时即得意忘形，坏事来时即灰心丧气，不能辩证地来看待人生的遭遇，常常是怨天尤人。所以老子说：“人之迷也，其日固久矣。”即人们长久以来都被事物的表面现象所迷惑，而看不清万事万物发展变化的趋势和规律，不能平心静气对待逆顺和祸福。

4. 老子最具天才和独创性的思想，是他在揭示相反相成这一普遍规律时，以反世俗的视角充分强调了矛盾体中所谓弱小一方的主导作用和前途，从而为人们提出了一套全新的处世原则和立于不败之地的金科玉律。古今中外的思想家大都认识到了任何事物都包含着对立统一的两个方面；同样，大多数思想家也都注意到了对立统一体中的两个方面之间并不是完全平衡的，而是有为主的一方，或者说是强势的一方。需要特别指出的是，思想家大都强调对立统一体中所谓强势的一方决定事物的性质和发展方向，起着主导和关键的作用，而所谓弱小的一方只是处于补充和顺从的地位，并不从根本上决定事物发展变化的方向和最终结局。我们以中国古代的阴阳这一范畴为例，大家都是这样来看待阴阳之间的相互关系的。中国古代认为宇宙间万事万物都可以分为阴阳，万事万物都是由相互对立又相互依存的阴阳两个方面组成的。这正如宋代哲学家张载所说：“一物而两体，其太极之谓欤！”“太虚之气，阴阳一物也。”万事万物都是由阴阳组成的“一物两体”，但在万事万物中都是阳处于主导和决定的地位，而阴则处于顺从和被动的地位。如在自然界中，天代表阳，而地代表阴。《周易·象传》中说：“天行健，君子以自强不息”；“地势坤，君子以厚德载物”。经学家认为坤即顺也，地要顺应天，即阴要顺应阳。在人际关系中，君代表阳，臣代表阴；父代表阳，子代表阴；夫代表阳，妻代表阴。根据三纲的教义，当然是臣、子、妻要服从于君、父、夫。整个中国古代的文化，从某种意义上可以说是关于阴阳的文化，是关于阴要顺从阳的文化。我们只要翻阅一下中国古代的典籍，这种论说随处可见。它不仅涉及政治、经济、军事和伦理，也涉及建筑、文学和艺术，当然更包括方术。不仅如此，阳还和强、雄等量齐观，阴还和弱、雌相提并论，甚至阳还代表君子和美好，而阴代表小人和丑恶。在任何时候，在任何领域，不管是自然界，还是人类社会，永远都是阳胜阴，强胜弱，雄胜雌。在相反相成的矛盾统一体中，事物的发展变化方向和结局都是由阳刚的一方来起决定作用的。文章写到这里，我们不免感慨不已。我们一方面赞叹我们的祖先竟是如此的睿智，对相反相成这一规律认识得如此精辟；另一方面又不无遗憾，我们的祖先似乎从根本上犯了形而上学的错误，把矛盾的一方强调过了火，而对矛盾的另一方的作用没有认识到位。这一点失误，甚至可以说是中国古代传统文化乃至政治、经济诸多领域出现这样那样问题的渊薮。

在多数的思想家那里，在一般世俗人的眼里，大都是这样认为：阳主导阴，雄胜雌，强制弱……但事实果真是如此吗？宇宙的根本法则果真是如此吗？老子是怎样认识这一问题的？老子的观点与世俗的见解截然相反。老子认为，万事万物对立统一体中阴柔的一方决定着事物发展的方向，真正发展壮大和有前途的是弱小的一方，所以从根本上说，弱胜强，雌胜雄。老子这方面的论述很多，如：“柔弱胜刚强。”“天下之至柔，驰骋天下之至坚。无有入无间。”“守柔曰强。”“兵强则不胜，木强则折。强大处下，柔弱处上。”再如：“天下莫柔弱于水，而攻坚强者莫之能胜，以其无以易之也。弱之胜强，柔之胜刚，天下莫不知，莫能行。”

老子为什么这样崇尚阴柔，并认为阴柔不仅是生育万物之本而且本身具有无穷无尽的力量呢？老子为什么会得出与儒家崇尚阳刚完全不同的观点，而认为阴柔才是主宰自然和人事的基本方面呢？有的学者分析认为，是因为老子是母系氏族社会的代言人，老子处处为已经逝去的母系氏族社会唱赞歌。这种说法即使有一点道理，但也绝不是老子得出一系列真知灼见的主要成因。笔者认为，老子之所以得出柔弱胜刚强的结论，是他观察了大量自然现象、分析了诸多历史和现实人事变故而总结出来的。老子观察到自然界看似强盛的现象，往往都不能持久，如“飘风不终朝，骤雨不终日”。事实正是如此，飓风看似强劲，但它刮不了多长时间；暴雨来势凶猛，一会儿就要停息。老子又看到，植物也是如此，柔弱的有生命力，一到强直时就要死掉了，他说：“万物草木之生也柔脆，其死也枯槁。”老子还观察到，整个动物界也往往是“牝常以静胜牡”。就连人类自身，其生命现象也是柔弱代表有生命力，而“坚强”则濒临死亡。老子说，你看婴儿是多么柔弱，而又是多么有生命力，正蒸蒸日上。“含德之厚，比于赤子。……骨弱筋柔而握固。未知牝牡之合而朘作，精之至也。终日号而不嗄，和之至也。”降临到人世上的千千万万婴儿都是一样，个个筋骨柔弱，紧攥双拳，充满无限的活力和生机。而当人要死亡的时候，总是躯体强硬，撒手人寰。故老子说：“人之生也柔弱，其死也坚强。”老子正是在观察分析大量自然和人事现象的基础上，才得出“柔弱胜刚强”这一闪烁着智慧光辉的卓越之论。

老子根据他洞察和发现的这些自然法则，提出了一整套指导人们为人处世的原则和方略。老子认为君子安身立命，最重要的是要“道法自然”“为而不争”“利而不害”，当取得一些成绩时，不要持满保盈，要“功成身退”，见好就收；要有海纳百川的胸襟，要甘居卑下，要学会韬光养晦，“和光同尘”，这样才能得到多数人的信赖和支持；要清静自正，以柔克刚，慎终如始，果而勿强，这样才能立于不败之地；要先难后易，欲取先予，后发制人，待机而动，这样才能时时处处争取主动；要知其雄，守其雌，知其荣，守其辱，见素抱朴，知足常乐，不妄作非为，这样才能永葆安康。老子提出的这些建议，老子对世人的这些谆谆教诲，因为是根植于自然法则，符合大道的运行规律，当然是极有价值的，也应当受到世人的尊崇和效法。

5. 老子在揭示相反相成这一普遍规律时，列举了一些大家熟知但却不知其所以然的现象，一经他老人家点拨，不仅启迪人们的智慧，而且饶有风趣。老子说："三十辐共一毂，当其无，有车之用。埏埴以为器，当其无，有器之用。凿户牖以为室，当其无，有室之用。故有之以为利，无之以为用。"车子、器皿和房屋这是人们最熟悉不过的了，谁没坐过车子，谁没用器皿盛过东西，谁没在房屋里住过。但又有谁琢磨过这里面的有和无、利与用的辩证关系。对于老子的这些洞察，我们都会发出会心的微笑。事实真的是这样。如果车轮中间不是空的，就无法安装使用，车子也就无法跑起来；如果器皿中间不是空虚的，怎么用来盛东西；房屋没有门窗和空间，人当然也无法居住。我们运用老子的这一观点，来看一下我们身边的所有事物，几乎所有"有形"的东西所能给人带来的便利，是靠其中"虚无"的部分来发挥出作用。大到我们人类赖以生存的空间，小到我们穿的衣服，甚至我们书写用的纸张，无一不是如此。至此，老子对有和无的辩证统一关系，可谓揭示得入木三分，并足以使人们对"无"充满遐想和敬畏。

（三）

世界上任何光辉的思想和颠扑不破的真理，也只有变为人们的行动指南时才有意义。否则，把任何金玉良言束之高阁，也等于没说。老子当年似乎已觉察到这一点。当他对"相反相成"这一普遍规律作了多方阐释之后，竟也发出了这样的感喟：“弱之胜强，柔之胜刚，天下莫不知，莫能行。”

老子说对他的思想天下人“莫能行”，这是对的。试问两千多年来，真正能按照老子思想为人处世的能有几人？老子又说对他的相反相成的观点“天下莫不知”，这却有点高看了世人，有点过于乐观了。其实，对于老子的这些光辉思想和谆谆告诫，就多数人而言，是既不知，更不能行。老子的相反相成的思想，说到底就是辩证的思想，就是要全面地看问题，既要看到事物的正面，又要看到事物的反面，并把握好正反两方面的关系。那么，我们一般人多是如何来看待问题的呢？用一句话来形容就是“形而上学猖獗”。

我们观察事物和看待问题，受思维定式和诸多方面的影响，往往犯表面化、片面化、绝对化的毛病。这样一来，我们就很难洞察事物的本质和内部矛盾，看到的只是事物的表面和一个方面的情况，得出的结论往往是非此即彼，缺少更高层次上的调和与兼容。只要这种片面化和绝对化的思维占了主导地位，不管是一个民族还是一个人，都会使其在很多问题上做出错误判断，甚至会带来不幸和灾难。这方面的例子实在太多，我们仅举以下两个方面的例子。

一个例子是我们对宇宙起源的思索。像宇宙起源这样的大课题，当然是允许有各家各派的观点的，也是允许长期探索和争执的，甚至是允许有错误的。问题是，我们只要稍微注意一下老子“相反相成”的指点，知道任何事物包括宇宙本身，也都是由相反的两个方面组成的话，就不会陷入绝对和极端之中。几千年来，人们几乎都是这样认为，宇宙要么起源于精神，当然包括上帝创世说；要么起源于物质。对这些认识，人们都表现得非常固执，很难使谁改弦更张。只是到了近几十年，当科学家发现了暗物质等现象后，人们对这一问题的认识才有所改观，原来截然对立的两派观点才开始试探着有所靠拢。这正如大科学哲学家波普尔所说："（宇宙）已经变得更像一朵云，而不是更像一块岩石。"英国天文学家琼斯也说："各种可能的推理积累起来的证据，使它看上去越来越适宜把实在描述为精神的而不是物质的……宇宙似乎更接近于一种伟大的思想，而不是一部大机器。"其实，两千多年前老子早就把话明明白白地撂在那里，有不能产生万物，只能无中生有；一"有"不能组成宇宙，只有"有""无"两个方面才能组成宇宙。

再一个例子就是中国封建社会"三纲"思想的形成和实践。所谓"三纲"，即君为臣纲、父为子纲、夫为妻纲。换句话说，就是君王是臣僚们的纲领，臣僚要绝对服从和忠诚于君王；父亲是儿女们的纲领，儿女要绝对服从和孝敬父母；丈夫是妻妾们的纲领，妻妾要绝对服从和忠贞于丈夫。"三纲"可以说是封建社会的政治纲领，它神圣不可动摇。据封建思想家说，"三纲"思想不仅符合人伦，也来源于天道，如《三字经》中说道："三光者，日月星。三纲者，君臣义。"应当说，"三纲"思想是适应当时的政治经济需要的，对保持中国封建社会几千年的发展和繁荣是起到关键作用的。问题是，人们在把握君臣、父子、夫妇这三个相反相成的事物时，过于强调君、父和夫的作用，把君权、父权和夫权完全绝对化了，臣、子和妻起不到相辅相成的应有作用，对立统一体内矛盾双方失去了制约和平衡。因此在漫长的中国封建社会里，一幕一幕人间悲剧有时甚至是闹剧在不断上演：皇帝已经腐败昏庸，已经不具备执政的能力和公信力，国事日非；但大臣们仍谨守"三纲"之训，不敢直谏，更不敢抗争，忍看江山断送，最倒霉的当然是战乱中的黎民百姓。丈夫可以妻妾成群，拈花惹草，花天酒地；妻子只能三从四德，从一而终，哀怨自解，更有怀抱夫君雕像拜堂成亲而孤守一生者，妇女命运何其悲惨。听从父母之命，无可厚非；但一切都按父母旨意行事，儿女们就无自由可言了，代价极其沉重。孝敬父母是人间的美德，人人都应这样做；但做过了头，如郭巨埋儿、王祥卧冰、吴猛恣蚊等，又显得不近情理，使人心酸。从五四运动开始，国人纷纷斥责封建社会的吃人礼教。殊不知，那吃人礼教的罪魁就是“三纲”教义。“三纲”教义的思想基础就是片面化和绝对化，而完全背离了相反相成的宇宙法则。

如果说以上两个例子，是一种集体意识因没有参透相反相成规律而出现的一些问题的话，那么，老子关于“祸福相依”的警告，则常常使我们每个当事人凉彻脊背，深感命运之不可逆转。老子说：“祸兮福之所倚，福兮祸之所伏。孰知其极？其无正也。正复为奇，善复为妖。人之迷也，其日固久矣。”这里有一个问题需要加以探讨和说明。老子说他也不知道福为什么忽然变成祸，祸为什么又会带来福，即“孰知其极？其无正也”。实际上，老子在他的《道德经》里已经给我们做出了很好的回答，那就是物极必反、月盈则亏，任何事情只要超过了一定的度，就要走向其反面。这正如唐代诗人白居易在读《老子》后的一首诗中所说：“吉凶祸福有来由，但要深知不要忧。只见火光烧润屋，不闻风浪覆虚舟。名为公器无多取，利是身灾合少求。虽异匏瓜难不食，大都食足早宜休。”事实正是如此，你只要不过分贪求，只要不把事做绝，灾祸就不会降临。老子的告诫大家并非不能接受，说实在的，老子的思想大家并非不懂，但受名利的驱使，很多人都是只知进，不知退；只知求取，不知舍弃；只见其利，不见其害。特别是在人生的关键时刻，没有把握好度，急转直下，纳福之路变成招灾之门，终至身败名裂。《红楼梦》里甄士隐为跛足道人《好了歌》所作的解注生动形象地表达了老子的这些思想。注曰：

陋室空堂，当年笏满床；衰草枯杨，曾为歌舞场。蛛丝儿结满雕梁，绿纱今又糊在蓬窗上。说什么脂正浓，粉正香，如何两鬓又成霜？昨日黄土陇头埋白骨，今宵红灯帐底卧鸳鸯。金满箱，银满箱，展眼乞丐人皆谤。正叹他人命不长，那知自己归来丧！训有方，保不定日后作强梁。择膏粱，谁承望流落在烟花巷！因嫌纱帽小，致使锁枷扛；昨怜破袄寒，今嫌紫蟒长：乱烘烘你方唱罢我登场，反认他乡是故乡。甚荒唐，到头来都是为他人作嫁衣裳！

我们现在再来说一下“柔弱胜刚强”的问题。老子提出的“弱者，道之用”“柔弱胜刚强”的独特论断，不仅大大拓宽和加深了人们对事物本质的认识，而且对于人们的处世行为具有最现实的指导意义。毫无疑问，每个人在他的一生发展中，都会相对而言处在“弱势”的位置。如何使“弱势”不弱，以弱胜强，在弱势中取得优势和发展，是每个人必然要面对的重大课题。就世俗的见解而言，人们都喜欢处在强大的位置上，而且多半恃强自傲，以为胜券在握，对前途充满信心和期望；而当处在弱小的位置上，人们一般也都会怨天尤人，妄自菲薄，甚至自暴自弃，对前途失去信心。当然，这都是庸人之见。老子说强大处下，柔弱处上，强大的大都前途不妙，看似柔弱的才有生机和前途。老子绝不是故作惊人之语，他是分析了很多自然和人事现象而得出的结论。看似强大的东西，实际可能已是强弩之末，其固有的能量已得到最大限度的发挥，再走一步，就必然进入衰落之境。看似弱小的东西，实际是方兴未艾，其固有的能量才刚刚开始发挥，发展之势不可挡，路子越来越宽广。这大概也符合近代自然科学所发现的“熵”的原理，即任何物体的运动都是能量的消耗，任何事物的发展都是从有序走向无序。

话说到这里，我们不禁油然想起毛泽东主席关于“纸老虎”的著名论断。“纸老虎”就是表面看似强大，实际上却外强中干，并没有什么可怕的。中国抗日战争和解放战争的胜利，都为“纸老虎”的著名论断作了最好的历史注解。我们现在要讨论的是，当你明白了老子的“柔弱胜刚强”的道理后，如果你处在强势时应如何把握呢？如果你处于弱势时又应如何把握呢？当处于暂时的强势时，绝对不能高枕无忧，目空一切，恃强凌弱，而应当居安思危，进德修业，谋求新的发展方向和格局，尽量延缓或避免衰落期的到来。当处在暂时的弱势时，绝对不能灰心丧气，要志存高远，对前途乐观充满自信，要调动一切积极因素，要抓住所有发展机遇，实现目标和理想，对国家和社会做出应有的贡献。

老子为我们揭示了万事万物皆相反相成的规律，使我们眼界大开，胸襟大开，使我们完全可以从新的视角来审视原来所熟悉的自然和人事现象，一经这样，便别有洞天，别有风趣。老子的这些思想既奇妙高远，又离我们的现实生活很近很近。愿老子的“祸福相依”之警告时时响在耳畔，愿老子的“柔弱胜刚强”的叮咛时时留在心田。当我们沐浴老子的这些智慧之光再重新上路时，眼睛一定会更加明亮，心态一定会更加沉静，步子一定会更加矫健，前程一定会更加锦绣。

第六章
无为之论高千古

世界上几乎没有哪个思想家，他的思想可以用很少几个字来概括，但老子则不然。“无为”这两个字，基本上可以涵盖老子思想的实质和精华。在很多人的眼里，无为就是老子和老子思想的代名词。一提起老子，人们都会马上想起“无为”这两个字。说句追根究底的话，自从人类诞生之后，相对于大自然来说，人类的一切思想和行为不都是可以称之为“有为”的吗？这样一来，老子的无为之论，就是冲着人类的所有思想和行为而来的，它是对一切有为的超越、制衡和批判。仅此一点，无为之论就是非同凡响和卓尔不群的，就具有重大的理论意义和实践价值。不过有一点需要特别指出的是，给老子带来无上声誉的是“无为”，世人对老子误解最深的也是“无为”。真所谓知我者《春秋》，罪我者《春秋》也！

（一）

“无为”这两个字大有讲头。有的学者认为，在“无为”这一词语中，“无”字是关键。笔者不同意这种说法，“为”字同样重要。庞朴先生有专文论述“无”这个字。庞先生认为“无”这个字，可以细分为三个意义，这三个意义恰巧以三个时期的三个字来代表。首先是以“亡”为代表的无，意指“有”的消失或未现；其次是“舞”所代表的“无”，意指实有似无的东西；最后是“无”所表示的绝对的空无。关于“为”字，很多古文字学家都认为，“为”是“爲”的简体字，甲骨文的“为”字，右边是头大象的完整图形，左边上方是一只手，其意是人牵引着大象以助农耕。如郭沫若说：“盖示以象从事耕作。”商承祚说：“象以手牵象助劳之意。”当然，以象助劳云云，这是“为”字的造字原始意义，但人们在使用“为”字表达义项时，主要是使用它的引申义，即“创造”和“做”“作”等。

说到对汉字的训诂，在这里想多说几句话，因为笔者对此也付出了激情和心血。笔者虽不是专业的语言文字研究者，但数十年来，笔者从未停止过对汉字起源和发展问题的思索。特别是对汉字音和义关系的问题，笔者几乎注意到了所有的常用汉字。乾嘉学派“因声求义”的训诂方法，取得了巨大的成就，“声近义通”确是汉字的一大规律，但笔者独立思考的一些问题，可能已经不在先贤研究的范围内。笔者不仅坚信汉字“声近义通”，而且认为汉字同音字之间有着极为深刻和丰富的多种联系。对于同音字之间的联系不能只从语言和文字学的角度去探讨，而且应当放在社会学、人类学和历史学等更加宏大的背景下去考察。有些同音字之间的关系，还应当提高到哲学和宗教学的高度来认识。只有深刻揭示汉字同音字之间的多种联系和蕴藏的巨大秘密，只有进一步搞清楚同音字的起源和发展变化规律，人们才会更加景仰汉语的神奇和伟大，人们才会更加赞叹中国先民的风采和睿智，人们才会真正理解仓颉造字何以会惊天地而泣鬼神！

问题的关键是，汉字同音字之间的联系多数并不是显而易见的，有些甚至是极其幽深的，非极深研几、火眼金睛而不能发现。笔者积多年之经验，认为要破解同音字之间的关系，必须找出同音字最原始的属义，或者说找出同音字之间的最大“公约点”。我们现在举几个例子：①凡发 shi 音的，如誓、逝、师、市、驶、始、蚀、失、时、食、史、矢、适、释、世、屎等字，尽管这些字字形不同，字义在实际使用中也几乎没有关联，但它们有一个共同的含义，我称之为“公约点”，即“去不返也”。一去再不复返，这就是发 shi 音汉字最本质的意蕴。或者说，这些字我们的先民之所以定它们发 shi 音，就是因为它们都含有失去的意思。②凡发 fei 音的，如费、肥、妃、非、匪、诽、废、痱等字，它们皆有“多余”之义。当然，我们也可以说以上几个字的公约点是“多余而近害”，但那样就很难概括骓、扉、飞等字了。③凡发 yu 音的，如迂、鱼、谀、渔、逾、与、予、宇、驭、育、预、欲、谕、遇、舆、喻、御、寓、裕、虞、豫等字，它们皆有“超前准备”之义。这群发 yu 音的汉字，其最原始的意属可能是受“虞”字的影响，因为“虞”是先民们在狩猎时，提前派去侦察地形和动物出没规律的人。不过，细推敲起来，可能“雨”字会更古老和原始，因为在洪荒时代，先民们最想提前知道的还是天气的变化。如果能超前知道大雨的即将到来，那对部落的安危将是有重大意义的。④凡发 li 音的，如丽、厘、离、犁、嫠、嫠、篱、礼、里、理、力、厉、立、吏、励、利、例、隶、莅、砺、粒等字，它们皆有“区分而整治”之意。或问，“礼”和“区分”有什么关系，殊不知礼的实质就在于区分长幼尊卑。同样，任何道“理”也在于区分善恶真假。我们知道了“声近义通”的道理，能大大加深对汉语、汉字的理解。比如“声音”一词，声有升意，音有隐意，声音正是由一高一低音波组成的，这就大大加深了对声音一词实质的理解。再如“贼”，也有“择”义，贼也是择时、择地、择人而行窃。又如危险多在微妙之中，等等。

汉字同音字之间，它们不仅有“声近意通”的平行关系，还应该有历史发展的前后关系，以及其他更多的关系，只是我们还没有发现而已。农历乙酉年，十二生肖属鸡，在这年的除夕之夜，我围绕着 ji（鸡）这个发音，想了很多问题。特别是由发 ji 音的十几个同音字，在我脑海里不由自主地组成了一个小故事，至今历历难忘。这个故事是这样的：在中国远古时代，有一个以鸡（ji）为图腾的部落。某日，鸡部落得到一个紧急（ji）的情报，说有一个部落将要侵犯鸡部落。这对鸡部落来说当然是岌岌（ji ji）可危之事。于是，鸡部落首领召集（ji）部落大会，共同计（ji）议如何应对。远古先民们大都迷信，相信神灵的启示，鸡部落也不例外。这次仗能不能打，先占卜一下吧。占卜的结果是吉（ji）兆，全部落群情振奋，大家一致决定对来犯之敌坚决予以反击（ji）。大敌当前，鸡部落同舟共济（ji），即使不能参战的妇女和儿童，也在忙着为前方提供给（ji）养，全部落对胜利充满冀（ji）望。经过几番激（ji）战，彻底击败了来犯之敌。部落又恢复了往日的和平与宁静。接下来最重要的事情，当然是稽（ji）考这次自卫反击战，看谁作战勇猛，看谁战绩（ji）突出，论功行赏。当然，对那些在反击战中殉难的烈士进行隆重的祭（ji）奠，则是全部落最庄严、最神圣的仪式。以后，每年的这个时候，全部落都会满怀深情，以各种各样的方式，来纪（ji）念为保卫部落献出生命的先烈们。为了部落的振兴和繁荣昌盛，部落还把在战争中形成的一些好的作风和行为，制定为纪（ji）律要大家共同遵守，并一代代地继（ji）承下去。故事讲完了，但故事中发 ji 音的同音字之间，真的是否具有这种有机的联系，不敢确定，姑妄言之吧！

我们现在还是接着来说“无为”吧。关于“无”字，笔者比较赞同庞朴先生“实有似无”的解释，因为这样比较符合老子思想的原旨，和老子的整个思想体系是相吻合的。同时，发 wu 音的汉字，不独“舞”具有“实有似无”的特点，而且“巫”“诬”“雾”“悟”等字，其特点也都是“实有似无”。不过，“无”在“无为”这一词语中的意思，还主要表达的是否定的意思，与毋、勿同义，即“不要”“不可”等。关于“为”字，除上面我们介绍的它的原始意义是“人牵引着大象以助农耕”，引申义是“创造”和“做”“作”外，“为”与它的同音字“伪”“违”等声近义通，还有“诈伪”“虚伪”和“违背”之义。通过以上分析和考究，笔者认为，老子的“无为”一词，其主要含义应该是：“人们对待任何事物应该有实有似无的态度，从容恬静，顺其自然，不要违反自然规律去勉强作为。”在此，有一点需要特别指出，老子的无为，绝不是无所事事，绝不是消极的不思进取。如果把无为理解为无所作为，那就大错特错了。

我们现在还是看一下，老子的无为思想究竟是指什么呢？究竟包含哪些具体内容呢？经过审慎地梳理和提炼，我们认为，老子的无为思想应主要包含以下七个方面的内容：

1. 无为是对人类一切欲望和行为的约束和限制，是对过激行为和可能带来负面效应行为的彻底贬斥和反对。在老子看来，天地和万事万物都有它自己的运行规律，都是和谐与圆满的，任何人力的参与和干扰，都可能打破平衡，中断事物的正常发展，从而产生不良的后果。人类只要有所作为，就必然留下斧痕，这正如“长短相形，高下相倾，音声相和，前后相随”一样，是无法避免的。这也许正是人类最深、最大的悲哀。所以，老子对“无为”推崇备至，顶礼膜拜，大唱赞歌，认为人类只有乘上“无为”之舟，才能渡过劫波，免遭沉沦。他说：“是以圣人处无为之事，行不言之教。”又说：“无为之益，天下希及之。”如果对人们的一般行为，老子还只是限制和规劝的话，如“不尚贤，使民不争。不贵难得之货，使民不为盗。不见可欲，使民心不乱”，那么，老子对于过激和过分的行为，则是严厉驳斥和制止的。如老子骂那些骄奢淫逸、巧取豪夺的人是强盗头子，严重违背了自然之道。“大道甚夷，而人好径。朝甚除，田甚芜，仓甚虚。服文采，带利剑，厌饮食，财货有余。是谓盗夸，非道也哉！”指责那些自作聪明、逞强好胜之徒，只不过是“余食赘行”，完全是病态之举，为有道者所不齿。老子严正提出要“去甚，去奢，去泰”，即反对一切过激和过分的行为。

2. 无为不是无所作为，更不是无所事事，而是顺其自然，不违天理，不害物性。老子“无为”，说到底是“无违”，即不违天理，不违大道，不违自然，不违常恒，不违物性，不倒行，不逆施。在老子看来，大道、自然其能力是无限的，它们既能创造日月星辰、山川江河等天地万物，其运行的惯性也是势不可当的。这正如滔天的洪水，浩浩荡荡，顺之者昌，逆之者亡。老子谆谆告诫世人，在大道和自然面前，人类只能顺应，而不能拂逆。顺应会一帆风顺，事半功倍，安乐康宁；拂逆必然是举步维艰，心劳日拙，自食其果。老子这方面的论述很多，如：“人法地，地法天，天法道，道法自然。”又如：“是以圣人无为，故无败；无执，故无失。”还如：“学不学，复众人之所过，以辅万物之自然，而不敢为。”话说到这里，使我们想起了朱熹的一首诗《泛舟》：“昨夜江边春水生，艨艟巨舰一毛轻。向来枉费推移力，此日中流自在行。”朱熹是宋代大理学家，融通儒道，他的这首诗是对老子顺应自然之理的最好注脚。

3. 无为就是善为，就是超出世俗的高明之举，就是不见金针而成锦绣。老子在这方面列举了很多例子，做了很多比喻，如：“大方无隅，大器晚成，大音希声，大象无形。道隐无名。夫唯道，善贷且成。”又如：“善建者不拔，善抱者不脱，子孙以祭祀不辍。”还如：“善为士者不武，善战者不怒，善胜敌者不与，善用人者为之下。”一个“善”字，道破了老子无为的真谛。无为并不是无所作为，而是凭借自己高超的智慧和眼力，识破机关，抓住关键，顺势而动，善于作为，业就功成而不留痕迹。

4. 无为之为就是利而不害，为而不争，不挟私，不占有，坦然而行，多予少取。老子的无为根源天覆地载之大度，效法天地生而不有之厚德，不仅睿智，而且向善，尤其值得我们敬仰和遵循。老子说："万物作而弗始，生而不有，为而不恃，功成而弗居。夫唯弗居，是以不去。"又说："是以圣人后其身而身先，外其身而身存。非以其无私邪？故能成其私。"还说："天之道，利而不害；圣人之道，为而不争。"

5. 无为是手段和途径，无不为和曲成万物才是要达到的胜境。老子说："无为而无不为。"又说："夫唯不争，故天下莫能与之争。古之所谓曲则全者，岂虚言哉！诚全而归之。"有人对老子的"无为无不为"和"不争故天下莫能与之争"等，颇有微词，认为这是虚伪和诈术。笔者认为话不能这么说。老子坦然处世，直道如砥，不急功，不近利，厌强取，尚曲成，因势利导，顺水行舟，无期求之心，有功倍之效，这只能说明他的大德和大智。

6. 无为对于政治家和治理国家来说，那是最高的境界和最理想的效果，无为而治将政通人和、国泰民安。老子无为的思想是普适的，是对所有人和所有事而提出的。但是，老子无为的思想确实又主要是针对政治家而说的。老子无为而治的思想极其丰富，影响也最为巨大。首先，老子响亮地提出无为是治国安邦的根本准则，他说："治大国，若烹小鲜。"又说："是以圣人无为，故无败。""烹小鲜"生动形象，人人明白，为"无为"作了浅显明了的解释。大家都知道，煎烹小鱼最忌刀铲，最忌乱翻。治理国家也一样，最忌领导者好大喜功，朝令夕改，政令烦琐，处处干预，人民不知所从。这样，既影响政府公信力，又劳民伤财。领导者只要减少盲目行为，国家自然会臻于大治。其次，老子严正告诫统治者要屏弃偏私之见，要屏弃智巧，不要自以为是，要以百姓之心为心，要和光同尘。老子说："爱民治国，能无为乎？天门开阖，能为雌乎？明白四达，能无知乎？"一个领导者，你可能很聪明，你也可能有很多想法，但还是不能凭一己之见行事，还是不能凭一时兴致而为。老子说："圣人常无心，以百姓心为心。"这简直和儒家的"天听自我民听"是一个道理了，较之现代政治观念亦不为见拙。老子还提出统治者要"挫其锐，解其纷，和其光，同其尘"，在思想和行为上彻底与百姓丝丝入扣。老子还不无夸大其词地说，只要统治者少用点私心智巧，老百姓立竿见影马上就会受到实惠，"绝圣弃智，民利百倍"。老子不仅为统治者指出了一条"无为而治"的阳光大道，还为大大小小的头头脑脑支出了高招，按其行事则会排忧解困、化险为夷。他说："孰能浊以静之徐清？孰能安以久动之徐生？"这锦囊妙计就是：要让混浊的东西静止下来，慢慢恢复澄清和晶莹；要让沉寂的东西活泼起来，慢慢恢复生机和活力。再次，老子以老百姓的感受为标准，把统治者划分成几个优劣不同的档次，最上乘者就是无为而治，就是老百姓仅仅知道有一君主的名目而已。老子说："太上，下知有之；其次，亲而誉之；其次，畏之；其次，侮之。信不足，有不信焉。悠兮其贵言。功成事遂，百姓皆谓我自然。"又说："其政闷闷，其民淳淳；其政察察，其民缺缺。"最后，老子认为，无为而治对统治者来说，最要紧的是统治者要减少私欲，要自正以正人，自正以正天下。老子说："道常无为而无不为，侯王若能守之，万物将自化。……不欲以静，天下将自正。"又说："我无为而民自化，我好静而民自正，我无事而民自富，我无欲而民自朴。"

7. 无为不是无能，无为对统治者和每个人来说，都是睿智和练达的表现，都是要经过长期参悟和修养才能达到的。在老子看来，无为既不是无所事事，不思进取；也不是懒庸昏聩，不堪造就。恰恰相反，达到无为之境的人，多是"微妙玄通，深不可识"之士，多是可以寄天下、托重任的不世之才。老子每嘉许无为时，总是把它和圣人联系在一起，以为只有圣人才能"处无为之事，行不言之教"。那么，怎样才能练就无为之心呢？老子认为要下大功夫，要断一切偏私和妄念，即："为学日益，为道日损。损之又损，以至于无为，无为而无不为。”

（二）

我们说老子的“无为之论高千古”，在中国几千年的历史天空中一直响彻云霄，经久不息，是唯一能与儒家思想相制约、相抗衡的思想学派，那是因为，老子的思想和以孔子为代表的儒家思想一样，它不仅是修身的学问，也是治国的学问。儒家有“修身、齐家、治国、平天下”之说；老子则认为：“修之于身，其德乃真；修之于家，其德乃余；修之于乡，其德乃长；修之于国，其德乃丰；修之于天下，其德乃普。”你看，在修身和治国方面，儒、道何其相似乃尔！在内圣外王的发展过程中，道家的程式一点不少，还多出“乡”这一级的历练。事实正是如此，一种哲学思想再博大精深，如果它仅关乎人的个体修养，而于群体和治国安邦无涉，那么它的影响再大也还是有限的，也还是有衰弱的一天。即使如佛教这样的大智慧、大觉悟，断虚妄、解烦恼有金刚之利，仍不能用其来治理国家。其道理正如以上所说，它仅关乎个人的心灵，而未穷治国之策。老子的思想则不然，它既给个人修养和进退指点迷津，又向国家陈献治国方略，甚至还有用兵之道。这或许正是儒家和道家久而弥新的共同原因。

有一种比较流行的说法，认为中国历史上的“文景之治”“贞观之治”和“康乾盛世”这三个时期国家繁荣昌盛的出现，是统治者贯彻老子无为而治治国方略的结果。笔者倒不完全赞同这种流行的说法，盛世的出现其原因必然是多方面的。但是，有一点是可以肯定的，那就是，老子无为而治的思想对这三个盛世的出现，是起到了巨大的引领和帮助作用的。因为这三个盛世都出现在乱世之后，在国家满目疮痍、民不聊生之时，再好大喜功、急功近利、横征暴敛，只会雪上加霜，陷入绝境，国破家亡，更遑论盛世。也只有按照老子清净无为的治国之策，顺其自然，从长计议，休养生息，轻徭薄赋，扶正祛邪，涵养基脉，才有希望渐臻佳境。当然，统治者为何会接受老子无为而治之策，不排除有高明之士，但主要是时势所然。我们现在仅介绍一下“文景之治”的有关情况。

《汉书·食货志》中说：“至于始皇，遂并天下，内兴功作，外攘夷狄，收泰半之赋，发闾左之戍。男子力耕不足粮饷，女子纺绩不足衣服。竭天下之资财以奉其政，犹未足以澹其欲也。”又说：“汉兴，接秦之敝，诸侯并起，民失作业而大饥馑。凡米石五千，人相食，死者过半。高祖乃令民得卖子，就食蜀、汉。天下既定，民亡盖臧，自天子不能具醇驷，而将相或乘牛车。”以上这两段话的大意是：秦始皇统一天下后，大兴土木，穷兵黩武，横征暴敛，老百姓衣食不继，怨声载道。天下的财富已搜刮殆尽，仍不能满足始皇好大喜功的需要。汉高祖刘邦君臣虽然从秦王朝手中夺得了天下，但接过来的是一个烂摊子。烂到什么程度，不仅老百姓辗转沟壑，饿殍遍野，以致人饥相食，死者过半。即使贵为天子，出入想凑足一样颜色的四匹马都没有，而大臣们只能乘坐牛车办理公务。这确实是穷到家了，在古今中外历史上也是少有的惨象。

如何接受秦王朝短命而亡的教训，如何调整治国方略，这当然是摆在西汉初期汉王朝君臣面前的头等大事。事实上，在刘邦执政的时候，就有一个叫陆贾的学士，向朝廷建议要用无为的思想来治国，他说：“道莫大于无为。”用无为治国必然会国泰民安。刘邦虽为这些建议所动容，但并没有真正实施无为而治的治国方略。这可能一是因为刘邦戎马一生，从别人手里夺得天下，斗争的意识比较强；二是也有客观的因素，刘邦在位的时候，天下还未完全安定下来，不少诸侯王和功臣还在闹事，实行无为而治还不是时候。真正把无为而治作为治国方略并认真执行的，是文帝和景帝。能够把老子的无为而治思想作为治国的大政方针，这当然有一个很艰难的统一思想的过程，也是颇费周折的。在这之中，除了文帝和景帝起了主导作用外，皇后、皇太后窦氏和丞相曹参也是两个关键的人物。汉文帝时的窦皇后，到景帝和武帝时，自然就是太后和太皇太后，她的思想对文、景、武三朝都有所影响。窦皇后从年轻时就喜欢读老子的书，终生研讨黄老之术。她还经常召集一些学士和大臣，探讨如何用黄老之术来治理国家。窦太后对老子的思想非常执着，特别是到了晚年，更容不得不同意见。《汉书·儒林传》记载，窦太后问一个叫辕固的儒生："老子的书怎么样?"辕固没有眼色，随口说了句："不过是当仆人做奴婢的道理。"气得窦太后不仅怒斥辕固，还让他到兽圈里去和野猪搏斗。如果不是汉景帝暗中帮助，辕固就会被野猪吃掉。有这样执着的人物在汉初王朝里竭力推行无为而治的思想，其作用是可想而知的。曹参是开国元勋，据说战功不次于萧何。当萧何为丞相时，曹参在临淄做齐王相。曹参在齐国时，结识了一位高士盖公。盖公是黄老学派大家，他对曹参说："治道贵清静，而民自定。"曹参接受了盖公的治国思想，并把相府正堂让给盖公居住，自己在简朴的房子里办理公务，在齐国推行无为而治，结果是曹参"相齐九年，齐国安集"（《史记·曹相国世家》）。萧何去世后，朝廷命曹参接替为丞相。曹参借助皇帝的权威，在全国范围内推行无为而治的方针。这方面的故事就多了，如"萧规曹随"等。曹参为相时间虽然不长，但天下大治，老百姓为之欢欣鼓舞，赞歌曰："萧何为法，顜若画一；曹参代之，守而勿失。载其清净，民以宁一。"司马迁在《史记·曹相国世家》中也给予曹参"无为而治"的功绩以很高的评价："参为汉相国，清静极言合道。然百姓离秦之酷后，参与休息无为，故天下俱称其美矣。"

现在我们来看一下，西汉初期文帝、景帝实行的无为而治，落实到治理国家的具体措施和政策上，究竟包括哪些内容呢？据史书记载，无为而治的治国方略至少包括以下几个方面的内容：①以清静无为作为国家主流意识，统一朝野思想，政治清明，环境宽松。②对秦王朝的暴政予以彻底否定，拨乱反正，恢复合理的政治秩序和生活状态。③减少事功，量力而行，不做劳民伤财之事。④除苛刻之法，去烦苛之事，把广大百姓从严刑峻法的苛政中解救出来，恢复其自由和相对安定的生活。秦法森严苛刻，摇手触禁，乐以刑杀为威，百姓不堪其苦。文、景时不仅废除了连坐法和黥、劓、刖等酷刑，而且对服劳役期限也做了明确规定。不像秦代那样，不管罪大罪小，一旦犯罪，往往是终生服劳役。⑤轻徭薄赋，与民休养生息。西汉初年，朝廷不仅专门设“力田”之职，用赏赐的办法劝课农桑，鼓励生产。同时，对租率一减再减，后来将三十税一作为汉代的定制。文帝十三年，还宣布全部免去田租。徭役也比秦时大大减轻，一般民众的负担减少到每三年服役一次；征发徭役的年龄也由秦时的十七岁，改为二十三岁。⑥皇帝和宫廷带头厉行节俭，倡导朴实之风。汉文帝多次下诏禁止地方贡献奇珍异物，不给百姓增加不必要的负担。他平时穿衣也是多穿价格比较低廉的黑色织品，甚至连所宠爱的嫔妃也衣不曳地，宫中帷帐不施文绣。文帝、景帝时没有搞多少新的豪华宫殿建设，据说连宫室苑囿里狗马服御等也没有增加。西汉初期不仅皇帝和宫廷带头节俭，还严禁各诸侯国铺张浪费，要求爱惜民力。

文帝、景帝推行的无为而治的治国方略，在半个世纪里取得了巨大成功，到汉武帝君临天下时，社会经济已呈现出空前繁荣的景象。《史记·平准书》中说：“至今上即位数岁，汉兴七十余年之间，国家无事，非遇水旱之灾，民则人给家足，都鄙廪庾皆满，而府库余货财。京师之钱累巨万，贯朽而不可校。太仓之粟陈陈相因，充溢露积于外，至腐败不可食。众庶街巷有马，阡陌之间成群，而乘字牝者傧而不得聚会。”你看，社会状况和秦朝末年简直是天壤之别，不可同日而语。从横征暴敛到国家无事；从人饥相食到大仓小仓皆满；从财力凋敝到钱财不可胜数；从天子不能具醇驷到骡马成群。

我们现在再来分析一下，无为何以能够“而治”，甚至能够“大治”和迎来盛世；无为何以看似消极和柔弱，实际却是那样进取和有力；无为何以能够最终无不为，无为的作用为何那样奥妙和神奇。其实，话说到底，无为的神奇和力量就在于“不违”：不违大道，不违自然，不违天理，不违人情，不违时势，不违民意，因势利导，借风行船。试想，如果在西汉初期那样的社会背景下，统治者不是以“无为而治”为治国方略，而是继续好大喜功和急功近利，那么，就不仅不会出现文景之治的盛世，而且会出现又一个短命王朝，像秦王朝一样暴兴暴亡。我们虽然不能说中国历史上每一个盛世都是无为而治的结果，但我们却可以肯定地说，中国历史上每一个太平盛世的出现，统治者都是有意或无意地吸纳了无为而治的治国思想，他们的治国大政方针里都有无为而治的元素，都有宽松的政治环境和爱惜民力的举措。老子为何生动形象地比喻“治大国，若烹小鲜”？老子为何说明道之君总是“处无为之事，行不言之教”？那分明是尖锐地告诫统治者：治国最忌好大喜功，治国最忌瞎折腾！仔细琢磨一下中国两千多年的政治史，我们都会赞同老子的这些思想和告诫。

（三）

文化学术界有“轴心时代”的说法，即认为公元前 5 世纪前后，是人类的轴心时代。在这个时期，世界各地出现了一些杰出的思想家，比如中国的老子、孔子；比如印度的释迦牟尼；比如犹太教的先知；比如希腊的苏格拉底、柏拉图等。轴心时代这些伟大思想家所形成的教义和文化，两千多年来一直深刻地影响着人类的思想和行为。德国哲学家雅斯贝尔斯曾说：“人类一直靠轴心时代所产生的思考和创造的一切而生存，每一次新的飞跃都回顾这一时期，并被它重新燃起火焰。”如果说经典注定是给后人准备的话，那么老子的思想则更符合这一特点。老子清静无为的思想，不仅是超越时空和历久弥新的问题，而且是人类经过两千多年的发展，人类当今所面临的困境，更加印证了老子思想的先见之明。老子那些字字珠玑的金玉良言，与其说是说给当世人听的，不如说是说给我们现代人听的更有针对性。

事实不正是如此吗？老子当年倡导的清静自守、见素抱朴，虽然已是一种做人难得的品格，但仍为当时有识之士所激赏；如今，世俗早已把“清静自守”云云视为迂腐之论了。老子当年提醒世人“五色令人目盲”，但那时也只有少数的贵族和无赖才追求猎奇的生活方式；如今，纸醉金迷和追求感官刺激已成为时尚。老子当年很看不惯那些不循常理、不按常规行事的“企者”和“夸者”，甚至斥责他们是“余食赘行”，但那时他们还只是少数人，为有道者所不齿；如今，“冒险”和“超常规”已成为一些人的口号，而且响应者也不寡。老子当年已经开始担忧知识和技巧不一定是好东西，它甚至会坏人心智和伤害人类的正常生活，但那时技巧尚不发达，最多也就是桔槔取水之类，其负面效应还很小；如今，经过两千年的磨砺，科技这把双刃剑已越来越锋利，人类所把握的这把双刃剑，不仅常常自伤，甚至如不加以防范，还会有更严重的后果。老子当年最忧虑的还是人和自然的关系问题，他深怕人们会违背大道而恣意妄为，逞能好强，无视自然而征伐自然，最终自食恶果，但那时人口和生态环境等问题，还未构成大患；如今，人类经过两千多年的自我膨胀和对大自然的改造征伐，人口和环境等问题已触目惊心，人类的生存和发展已受到严重威胁……总之，老子当年所忧虑的问题和隐患，在那时还只是滥觞和端倪，如今已大都为害愈烈，成燎原和横流之势。

这些话绝不是危言耸听。我们这里只举一个方面的例子，就是人和自然的关系问题，就是自然环境不断恶化的问题。毫无疑问，人是大自然的一部分，人离不开自然环境而生存，大自然对人类的恩惠天高地厚，大自然才真正是人类的衣食父母。但是，在很长的历史时期内，在很多人的思想上，他们没有从深层次认清人与自然的血脉关系，他们缺少对大自然的感恩和敬畏之情。把大自然作为取之不尽、用之不竭的宝藏，把大自然作为征服和改造的对象，有时甚至以戏弄和砍伐大自然为乐，以藐视大自然为能。这些都是极其错误的。发展科技和发展工业本无可厚非，它确也给人类带来了很多便利和享受。但因为人们缺少区分和限制，科技和工业的发展又确实带来了极大的负面影响：资源消耗殆尽，耕地锐减；大气污染，气候变暖；水已不清，天已不蓝；由于农药和化肥的影响，人们所吃的食物品质也大打折扣。近几年，还有一些伪科学家扬言要发展克隆人的技术，这种“大违”和“大伪”，那才真叫自取灭亡。

学术泰斗季羡林老先生有一段话，非常精辟和深邃，放在此处再妥帖不过，既可为老子之自然无为思想张目，又可给笔者的这些文字增加分量。季老说：“若干年来，我有一个想法：人类自从成为‘万物之灵’后，最重要的任务是正确处理人与大自然的关系，我称之为‘天人关系’；要了解自然，认识自然，要同自然交朋友，我称之为‘天人合一’；然后再伸手向大自然要衣，要食，要住，要行。然而，人类，特别是近几百年的西方人，却反其道而行之，要‘征服自然’，在大自然面前翘尾巴。从表面上来看，人类似乎是胜利了，大自然似乎是被征服了。然而，大千世界发生了许多弊端，甚至灾害，影响了人类生存的前途。德国伟大诗人歌德说，大自然不会犯错误，犯错误的是人。德国伟大思想家恩格斯说，我们不要过分陶醉于我们对自然的胜利中，每一次胜利，大自然都对我们进行了报复。两位哲人的话值得我们深思再深思。我有一个公式：人类在大自然面前翘尾巴的高度与人类前途的危险性成正比——尾巴翘得越高，危险性越大。眼前的这一个世纪，是人类生存发展的前途上的一个关键的世纪。”

我们现在来讨论这样一个问题，即我们在现实生活中如何借鉴和把握老子的自然无为思想呢？毫无疑问，人类自从诞生之日起，一时一刻也没有停止过“有为”，一时一刻也没有停止过对自然的认识和改造利用。实际上，老子并不一概地排斥人类所有的行为，“无为”只是对“有为”的限制和界定，只是反对过火的行为和最终会带来祸害的行为。那么，在我们今天这样的现代社会里，究竟怎么做才算当为而为，才符合老子的自然无为的思想，才能免遭重大挫折，才能不给历史留下遗憾？当然，这个课题很大，也很难回答，必然是见仁见智。笔者以为刘笑敢先生在他的《老子之自然与无为概念新诠》一文中，为现代社会提出的自然无为的四个标准，是很有见地的，现抄录在这里供读者参考。

刘先生提出的这四个标准是：①发展动因的内在性。这和老子之自然的自发性相一致，却不排斥人的动因，可以给人为的努力和奋斗留下足够的空间。显然，动力和动机来源于内部的发展要比外在的推动来得自然。②外力作用的间接性。这是把老子的自然中潜在的问题明确化，不完全排斥外力的作用或影响，而是为外在的动力或因素提出一个条件或限制。任何事物的发展都不可能脱离外在因素的影响，但间接的影响比直接的影响产生作用的方式更接近自然的原则。③发展轨迹的平稳性。这和老子的自然的原初性、延续性和可预见性相一致，但不否定质的变革。只是强调变化形式的和缓性，反对生存和发展方向的突然改变。显然，逐渐发生的质变比意外或突发的变化更接近自然。④总体状态的和谐性。这和老子所讲的自然的基本精神相一致，反对内部或外部的剧烈冲突和巨变，却为社会的进步和发展提供了保障。显然，整体上的和谐是自然的一个基本特点，维持这种和谐的发展才是自然的发展。刘先生还进一步解释说，以上四个标准也可以概括为两个，即动力的内在性和发展的平稳性。我们只要看一看世界和中国的历史，回想一下我们每个人所亲身经历过的事，观察一下周围的事物和现象，就会认为刘笑敢先生所说的话有道理，就会认为老子的自然无为之论是多么具有警醒的作用。试看，人类历史上有哪一件外力勉为其难的事情是做好的呢？又有哪一个突发和巨变的事件，不是留下无限的遗憾和创伤的呢？

需要特别提示的是，接受老子无为的教诲，顺其自然行事，少做违反常理和规律之举，这不仅是如何减少失误和损失的问题，而且是一种人生的志趣和境界。清静虚无，恬然自守，为而不争，利而不害，这本身就是非常惬意和美好的生活状态。很长时间以来，不少的人都有这样一种认识的误区，以为有价值的人生就应该是轰轰烈烈、惊天动地，动不动就提倡大有作为，动不动就喊要建功立业。殊不知，对于绝大多数的人来说，平淡无奇恰恰是最真实和富足的人生。即便是真有少数的英雄豪杰建了功、立了业，那也是因为顺势顺时而成事。何况，即使是建功立业的英雄豪杰，如动机不纯或举措不当，最终还会：一家饱暖千家怨，半世功名百世愆。所以，大家大可不必为自己没有做出惊天动地之伟业而忧虑，只要顺其自然地工作、生活就算是成功了。谈老子的无为，却说了这么多给大家泼冷水的话，好像不支持建功立业似的。其实不是这样，丝毫没有阻止大家多做事情、干大事业的意思。只是想表明，对待任何事物，包括像建功立业这样看来纯粹是积极的事情，也要全面地看，辩证地看，长远地看，这样就会心平气和了，这样就可以从容面对了，这样就可以有所选择了，这样就可以有所顾忌了，这样就可以真的进入老子的“为无为，事无事，味无味”之胜境了。

无为之论，“无违”之论也；无为之论，“无伪”之论也；无为之论，千古之论也；无为之论，大智之论也。无为之论，于形势虽不是鹰视虎眈，却是深思高举，顺天应时；无为之论，于事功虽不尚人力强求，却是天助人佑，事半功倍。无为之论，近可修身齐家，远可治国平天下。愿我们常思无为之益，常避倒施之害，审时度势，循道而行，永葆福祉。

第七章
唯有明哲可保身

这一章的内容，可能是我们每位读者都更为关注的，因为如何保身是我们每个人终其一生都无法回避的课题。老子的思想，说到底，就是关于人类和每个人如何生存的学问。

（一）

现在有个问题必须首先要澄清一下。很长时期以来，人们对明哲保身颇有微词，把明哲保身视同为和事佬及有“德之贼”之称的乡愿的代名词，指责明哲保身是只顾自己、不管他人；只知息事宁人，不分是非曲直；只求安然无事，回避矛盾斗争。我们必须对明哲保身有全面正确的理解，必须充分肯定明哲保身的合理性和价值，必须揩去蒙在明哲保身这一理性之上的尘埃。

叔本华的哲学认为，生物所最珍视的就是其生命，只要求得生存，其他一切都可忍受；反之，其他一切都会失去意义。生物如此，其他一切事物亦莫不如此。一颗种子，无论土壤、水分等其他条件多么恶劣，它也总是保持其生命力，待机生根、发芽、成长。就是在无机界，各种化学元素非在一定条件下亦不转化为其他性质的物质。这些都是它们求生存、保存自身生命的表现。进化论也告诉我们，任何生命体的进化过程，都是朝着有利于它的生存方向发展的。据说辣椒这种植物，其原初的物种并不辣，只是为了防御一种鸟的啄食，才逐渐进化得辣起来。俗话说“蝼蚁尚且贪生”，就是这个道理。那么，作为万物之灵的人类来说，企求生存，保护自身，趋吉避凶，免遭困厄，就是非常顺理成章的事情，就是非常容易理解的事情，就是非常正大光明的事情，就是丝毫不需遮遮掩掩的事情。

如果说希求生存、保存自身，是人类最本质的需求和最强烈的冲动，是人人都能懂得的道理，是人人都会采取的行动，那么，为什么又说只有“明哲”才能“保身”呢？我们先来看一下“明哲保身”一语的出处：《诗经·大雅·烝民》说：“既明且哲，以保其身。”孔颖达疏：“既能明晓善恶，且又是非辨知，以此明哲，择安去危，而保全其身，不有祸败。”意谓深明事理的人才能保全自己。这么说来，保身就有讲头了，保身的学问就大了。也就是说，人人都想保身，但能不能真正达到保身的目的，能不能有效地保身，那就是另一回事了。

为什么说保护自身是需要聪明智慧的呢？我想主要还是因为天下的事理并非都显而易见，各种形势又使人首鼠两端，是进是退，是取是舍，人们有时很难做出正确的抉择。再者，道心惟微，人心惟危，我们生存的世界并非是一块完全圣洁的净土，各色人等都在表演，明理不易，识人更难，稍有不慎，即会跌进种种泥潭。更为危险的是，人都有贪欲和私心，而利能令人智昏，名可迷人心窍，大名大利当前，齐人可攫金，飞蛾可投火。我们说保身不易，人人都想保身，但仍有败身之家。就是因为很多人不能洞察事理和情势，对人生的安危缺少长远的考虑，临事又没有果决的措施。吕坤在《呻吟语》里的一段话，也是说销祸保身之不易，非圣贤不能为。语曰："天下之祸，成于怠忽者居其半，成于激迫者居其半。惟圣人能销祸于未形，弭患于既著。夫是之谓知微知彰。知微者不动声色，要在能察几；知彰者不激怒涛，要在能审势。呜呼！非圣人之智，其谁与于此?"

一因保身重要，二因保身不易，所以不独老子和道家研究保身的问题，历史上各种思想家和政治家无不涉及如何保存自身的课题。即以孔子和儒家为例，他们对保身义理方面的阐发虽然和老子有所不同，但其内容也是相当丰富和深刻的。儒家所倡导的修身，很大程度上最终也是为了保身。特别是儒家提出的"极高明而道中庸"的思想，也可称得上是儒家安身立命、明哲保身的大法统。凡事不走极端，留有余地，中道而行，不能不说是人生趋吉避凶的一大法宝。孔子还教导他的学生说："邦有道，不废；邦无道，免于刑戮。"他还告诫人们"危邦不入，乱邦不居"，为保存自身要离开是非之地。孔子甚至还根据人一生不同年龄阶段的特点，有针对性地提出防范措施，这样人生的灾祸就会大大减少。他说："君子有三戒：少之时，血气未定，戒之在色；及其壮也，血气方刚，戒之在斗；及其老也，血气既衰，戒之在得。"

如果说思想家和术士在理论上探讨明哲保身的话，那么一些政治家则以自己的实践活动为明哲保身提供可资借鉴的案例，而这些鲜活的案例又大大丰富了明哲保身思想的内涵和旨归。从范蠡到张良，从郭子仪到刘伯温，这方面的例子举不胜举。特别是晚清名臣曾国藩，他不仅有慰天下豪杰之望的胸襟，有力挽狂澜的魄力，把文章和事功做到了家，在立言、立功、立德三个方面都有大的建树；而且他孔老并用，不弃申韩，其智方以圆，见首不见尾，把明哲保身的思想和实践都推向了新的极致。如他竭力倡导和躬行的严于律己，宽以待人；自己发达，也让别人发达；管束弟子，不忘耕读；清正廉明，戒昏傲贪诈；息事宁人，委曲求全；功成身退，不持满盈；慎交择友，勿结私仇等，确实都为老子明哲保身的思想提供了新的注脚。就拿功成身退这条来说吧，曾国藩的作为就很少有人能够达到。1862 年前后，曾国藩的功业正如日中天，他本人出将入相，曾氏兄弟掌握着清廷最有战斗力的武装，这时曾国藩并没有恃势邀赏或其他问鼎非分之想，而是急流勇退，自请削减湘军，解除自己的军事职务，避免了满盈之祸，得享善始善终之福。

其实，不独思想家和政治家，就是普通人，也无一不都在探讨和实践保全自身的课题。如果说人生第一要务，那么再也没有比保全自身更为重要的了。这里面无君子和小人之分，也不涉及道德高下的问题。道理很简单，无论是向善还是为恶，无论是想济世还是想立业，保存自身都是基础和前提。这里还有个概念要交代一下，所谓保身，当然主要是指人的肉体之身，人继续生存和发展的条件，即“留得青山在，不怕没柴烧”，但也应该包括个人的名义和其他正当利益。在正式论述老子的明哲保身思想前，我们说了上面这么多话，无非是想表明保身的重要性，保身与人人有关，做到明哲保身并不容易，应当很好地聆听一下先哲的教诲，多从老子那里得到一些启示和指引。

（二）

老子的哲学和思想，老子的全部智慧，可以说都是关于人类和每个人如何生存的学问，如何才能够保身，如何才能够天长地久。据有人统计，《老子》一书才五千字，而有关生死存亡的字、词就占了很大比重。“生”字出现三十八次，而此外还有大量类似意义的字，如存、活、保、全、泰、长、久、养、育、身、寿、福等；“死”字出现十八次，而此外还有大量类似意义的字，如灭、亡、没、殁、老、已、凶、杀、祸、害、丧、殃、殆等。老子为何这样忧心忡忡地关切人的生死存亡呢？老子为何愿将自己的一生心血来探讨明哲保身之道呢？这一方面是当时现实提出的课题。老子生活在春秋乱世，各种矛盾激化，社会动荡不安，人们的生命安全没有保证。特别是大道废弛，人的心中没有准绳，在贪欲和私利的驱使诱惑下，很多人铤而走险自取灭亡。当时人们面临的恶劣生存环境，正如老子所说的那样："出生入死。生之徒十有三，死之徒十有三，而民生生，动皆之于死地，亦十有三。"另一个方面，是老子看到当时诸子百家之说，如儒家提出的仁义礼乐，墨家力行的兼爱非攻，兵家研究的克敌制胜，都是隔靴搔痒，皆不能从根本上解决问题。只有坚守清静无为，只有釜底抽薪熄灭欲火，才能明哲保身，才能去祸就福。这也是当年老子之所以自视甚高、睥睨诸子的原因。

老子对生存和明哲保身的探索，是空前的甚至也可以说是绝后的；是系统、深邃和辩证的，不是零星、肤浅和片面的；是在由天道推及人道的大背景下展开的，不是浮谈无根之说和智巧之辩；是既有恢宏的学理和严密的思想体系之构，又切于实用和便于遵循与践行的；是从根本上解决生存危机，不是只为暂时保身的权宜之计。

有一个大问题还需要进一步澄清和明确，那就是老子的明哲保身是堂堂正正的大丈夫之道，是天经地义的君子之行，没有丝毫的阴暗和猥琐。老子的保身之道说到底就是顺天而行，知足知止，为而不争，利而不害。老子保身有私而高尚，利己而不损人，曲成而不害义，有是非，有曲直，只不过是靠智慧把握分寸而已。但是，两千多年来，人们虽然心仪老子的智慧，暗中也把老子的进退之道作为保身的法典，可是，又大都误解老子，歪曲老子，甚至贬抑老子。认为老子保身方略是阴柔、是诈伪，是圆滑、是世故，是不敢承当、是回避矛盾。就连见识超群的大学者朱熹，也没有明察老子大道的真实意蕴，没有感悟出老子为生民立命的大圣之心，而是人云亦云，对老子的保身之道说出了庸俗之论。朱熹说什么："老子之术，须自家占得十分稳便，方肯做；才有一毫于已不便，便不肯做。"朱熹从根本上就搞错了，老子不是为一己私利考虑，而是为天下人立极；不是在福祸利害上苦心盘算，而是指出一条阳光大道，只要行走在这条大道上自然会趋吉避凶。倒是司马谈的《论六家要旨》，对老子的见解还比较客观："其为术也，因阴阳之大顺，采儒、墨之善，撮名、法之要，与时迁移，应物变化，立俗施事，无所不宜，指约而易操，事少而功多。"

现在我们就来探讨，老子明哲保身的思想究竟包括哪些具体的内容呢？笔者认为，老子明哲保身的智慧和思想至少包括以下九个方面：

1. 敬天法地、顺其自然，是明哲保身之根本。人生存的环境之中，什么力量最大？什么最堪效法？那当然是天地，是自然。人是大自然进化、衍生的结果，人虽然是万物之灵但仍是大自然的一部分，人和万事万物一样，和大自然都是母子关系，血脉相连，永难隔离。正是基于这样的原因，老子极深研几，得出如下皇皇之论：人法地，地法天，天法道，道法自然。这短短的十三个字，揭示了人、地、天和道、自然之间的关系，确立了人在天地之间的位置，指出了人应该遵循的大道。老子的这段话可作这样的理解：人不仅是大自然之子，人还要以天地为师，要效法天地行事，天地之间有大道可循，大道的特质就是顺其自然。顺其自然，就是顺应天地之势、顺应天地之理，就是遵道，就是守常，就会福寿绵长。反之，就是倒行逆施，就是"不知常，妄作，凶"，自遗身殃。在老子看来，一个人要想明哲保身，要想趋吉避凶，首先要明察天地之理，顺其自然而行。这话说起来简单，但又有多少人能明白而又能做到呢？我们先说如何效法天地。天地不言，天地之道隐而不显，连天地之道是什么都不清楚，更遑论效法。老子以他那独具的慧眼，给世人揭示了一系列天地之道。例如："天长地久。天地所以能长且久者，以其不自生，故能长生。""功遂身退，天之道也。""故飘风不终朝，骤雨不终日。孰为此者？天地。天地尚不能久，而况于人乎？""天道无亲，常与善人。""天网恢恢，疏而不失。""天之道，利而不害；圣人之道，为而不争。”更为重要的是，老子给我们指示了一整套敬天法地、安身立命的方法。你有疑惑吗？你不知道如何进退吗？你为人处世有些分寸不好把握吗？你有难以割舍的利害吗？如果有，那就请你仰视一下蓝天、俯察一下大地，相信你能够从中找到正确答案。现在再说顺其自然的问题。按理说顺其自然是好理解的，也是容易践行的，但也有很多人转不过这个弯来。总想一逞私志，恣意妄为，与道相背，那结果当然是头破血流。笔者认为，老子关于明哲保身的思想极其丰富，但只有掌握了敬天法地、顺其自然，才抓住了根本。

2. 重身贵己，轻名薄利，是明哲保身之关键。我们为什么要探讨明哲保身？是什么影响了我们的生存和保身？当然可能还有其他方面的因素，但关键是名利，关键是如何摆脱名缰利锁。毫无疑问，如没有名缰利锁，人们就不会身遗其殃，因此也就没有研究明哲保身的必要。这样，就有一个最重要的问题需要我们作出回答，也可以说是明哲保身的关键处。那就是，人的身家性命和名利相比，哪个更重要呢？老子作出了响亮而明确的回答：“名与身孰亲？身与货孰多？得与亡孰病？甚爱必大费，多藏必厚亡。故知足不辱，知止不殆，可以长久。”老子不仅认为人的生命比名声财货重要得多，而且还认为重视生命、珍爱自身是非常高尚的表现，是值得信赖和重托的品格。他说：“贵以身为天下，若可寄天下；爱以身为天下，若可托天下。”

3. 知致福之道、察招祸之由，是明哲保身之必须。月晕而风，础润而雨，事有必至，理有固然，任何事物都有发展变化的规律。老子认为，要明哲保身，必须清楚祸福之道，知道保身和亡身的发展变化机理和规律，这比对具体事件的处理和把握更为重要。关于自然界和人类社会的整个发展变化规律，老子认为是“反者，道之动”，即世界万事万物都是向着相反的方向发展。这个规律是管总的，当然也包括和保身之道关系密切的祸福发展变化规律。不仅如此，老子还具体探讨了祸福发展变化的情况，最有影响的是下面这样一段话："祸兮福之所倚，福兮祸之所伏。孰知其极？其无正也。正复为奇，善复为妖。人之迷也，其日固久矣。是以圣人方而不割，廉而不刿，直而不肆，光而不耀。"福中有祸，祸中有福；福会转变为祸，祸会转变为福。老子这些对祸福规律的揭示，现在很多读者大都已经知晓。而这段话的后面几句话"是以圣人方而不割……"不仅一般读者不知道，就是很多研究者也未予以足够重视。老子这句话是要告诉世人，正因为祸福相倚、祸福无常，因此每个人要格外小心，要明察祸福转化之道，做事要留有分寸，要掌握好火候，做任何事情都要限制负面效应。唐代大诗人白居易是研究老子的专家，他有一句诗："吉凶祸福有来由，但要深知不要忧。"白居易看来确实是读懂了《老子》，掌握了老子思想的精髓。老子正是这样，他就是想让人们知晓祸福的变化之道，使人们面对祸福不喜不惧，从容应对，最终达到明哲保身的目的。

4. 见素抱朴、少私寡欲、知足知止，是明哲保身之途径。老子认为明哲的人也都是天真敦厚的，是清静自守而怡然自得的，他们不需要太多的喧闹和身外之物，他们本身就是自足自在的，这些不仅是他们高尚品质的反映，同时也是保身和安乐生存的良好状态。老子这方面的论述很多，如："见素抱朴，少私寡欲。""祸莫大于不知足，咎莫大于欲得。""故知足不辱，知止不殆，可以长久。"我们现在再来分析一下，老子为什么反复强调人要见素抱朴、少私寡欲和知足知止，并将它视为是人安身立命的基点，是明哲保身的重要途径呢？我们想，这大概主要是因为：花花世界，人欲横流，熙熙而为名来，攘攘而为利往，你争我夺，这里面多少是非，又多少陷阱；几多恩怨，又几多诈谋；得逞者固然有之，失意者甚或搭上身家性命者恐亦不少。一个人欲火太旺，见利忘危，那不测之事就会时有发生。如果见素抱朴，就能够泰然处之；如果少私寡欲，就躲开了是非；如果知足知止，就不会铤而走险。那么，明哲保身也就落到了实处，一些纷争和诈谋又能于我何伤。古往今来的事例还说明，朴素平淡的生活态度，不仅是安全的，而且也是怡然多趣的。

5. 为而不争、利而不害、上善若水，是明哲保身之法宝。人生在世，不可能不做事情；人生在世，不可能不和他人打交道。做事情，就会有一争高低；与他人打交道，就难免有纠纷和矛盾。这是再正常不过的现象。但老子不这样认为，他认为用智慧完全可以走出一条新道路：为而不争，利而不害，成己达人，两不相伤。老子以水喻道，认为水和圣人就是这样行事的。他说："上善若水。水善利万物而不争，处众人之所恶，故几于道。……夫唯不争，故无尤。"又说："夫唯不争，故天下莫能与之争。"还说："非其神不伤人，圣人亦不伤人。夫两不相伤，故德交归焉。"如果说，既能建功立业做成事情，又不用争夺；可以和各式各样的人打交道，但都是相利而不相伤。那么，人生的安全和康泰不就有保障了吗？这难道不是明哲保身的一大法宝吗？

6. 恶满戒盈、不持不执、功成身退，是明哲保身之玄机。老子的很多哲学命题和重要判断，都是在深入观察分析自然现象后而提出的。如老子看到自然界总是日升则降，月盈则亏，水满则溢，花盛则落。又看到天地产生哺育万物，并不据为己有，总是任其自长自灭，了无痕迹。可是，人的行为却不是这样，喜欢追求圆满，贪求福上加福，爱好据为己有。针对人们的这种违背自然规律的行为，老子发出了沉重感慨和警告："持而盈之，不如其已。揣而锐之，不可长保。金玉满堂，莫之能守。富贵而骄，自遗其咎。功遂身退，天之道也。"我们为什么说老子这些思想，是明哲保身的玄机呢？就是因为老子的这些教诲，向世人指点迷津，点破了满盈而必致祸患的天机。事实不正是如此吗？有多少人已经是身在福中了，却还要得陇望蜀，想百尺竿头再进一步，结果跌入深谷；又有多少人急流还要勇进，居功自傲，结果前功尽弃，卷入东逝之水。正因为满盈是临界点，是祸福转化之枢纽，我们只有像老子指出的那样惧满戒盈，不持不执，才能做到永葆安康。人如果真的能做到功成身退，那不仅是明哲保身的需要，还会有更大的功效。如果能从自己过去的事功中解脱出来，甚至在思想深处放弃得一点都没有，而不是人前故作姿态，那将无异于获得新生，那样又恢复了往日的从容和活力，那将又显得无比的轻松和愉快，那将又充满了新的希望和无限的可能。

7. 谦柔卑下、韬光养晦、委曲求全，是明哲保身之方略。谦柔卑下、韬光养晦和委曲求全这三者一脉相承，有密切联系，但又有差别和不同作用，它们三位一体，共同构成老子明哲保身的一个重要方略。谦柔卑下，是对他人的态度和社会形象；韬光养晦，是深藏不露、免遭不测的有意之举；委曲求全，是行事的方式，是舍弃近小之利以保全长久之利和大局。老子认为，能够做到这些，既是有道者应有的高尚品质，又是明哲保身的智慧和艺术。

谦柔卑下为什么是明哲保身之道呢？首先，老子认为柔弱胜刚强，强梁者不得其死；坚强者死之徒，柔弱者生之徒。为人处世只有谦柔卑下，凡事让三分，不争强好胜，才能减少矛盾和冲突，营造良好的人际关系，免遭嫉恨之祸。其次，老子认为只有谦柔卑下才能“为天下谿”“为天下谷”，海纳百川，得到广泛的拥戴和赞同，壮大自己，立于不败之地。老子还认为，不仅人与人之间应取谦柔卑下的态度，国与国之间也应该谦卑相让，这样才能和谐共处。老子说：“故大邦以下小邦，则取小邦；小邦以下大邦，则取于大邦。故或下以取，或下而取。大邦不过欲兼畜人，小邦不过欲入事人。夫两者各得所欲，大者宜为下。”采取谦柔卑下的姿态，对大国和小国都是需要的，都是有益的。

韬光养晦，老子认为这是明哲保身的最重要措施。木秀于林，风必摧之，为人处世必须藏锋避芒，大智若愚，才能不成为众矢之的，才能免于伤害而保全自身。老子这方面的论述很多，如“揣而锐之，不可长保”，锋芒毕露，难以长久。又如“大巧若拙，大辩若讷”。再如“人之所畏，不可不畏。……众人皆有余，而我独若遗。……俗人察察，我独闷闷”。老子甚至认为，韬光养晦如果做到家，即达到玄同境界，和最普通的人和事都浑然一体，无法分辨，那也就得到了最大的安全系数，就无任何后顾之忧。老子说：“知者不言，言者不知。塞其兑，闭其门，挫其锐，解其纷，和其光，同其尘，是谓玄同。故不可得而亲，不可得而疏；不可得而利，不可得而害；不可得而贵，不可得而贱。故为天下贵。”据说当年孔子问道于老子时，老子告诫孔子的唯一高招也是韬光养晦。老子要孔子深藏若虚，容貌若愚，去骄气，去淫志，这样才能去危就安。韬光养晦，藏而不露，待机而动，是典型的博大精深的中国智慧，其奥妙无穷，其应验如灵。

委曲求全也是老子明哲保身方略的重要内容。仔细分析起来，老子“曲则全”的思想，又包括这样两个相近而又不同的内涵。一个内涵是我们通常意义上的委曲求全，即曲己从人，吃亏、忍让，以求保全自身。这层含义比较好理解。第二个内涵是指曲成万物，即做事不直来直去，用委婉方式和途径来达到目的，这样可减少很多阻力和麻烦。这层含义不好理解。从屈原就开始发出疑问，不是古圣先贤都说要直道如砥吗？为何直道却蹇塞难通呢？为何直来直去却凶多吉少呢？老子得出曲成万物的论点，和他对自然界特别是对日月星辰运行规律的观察分析有关。我们后来的科学研究也已证明，天体的运行轨迹大都是呈椭圆曲线形的，这对人事当然有影响。实际上，通观老子的全部思想，他是在对天体运行规律进行深入观察分析后，得出了为人处世的两大准则。一个是人在做事时高度上要有限制点，要戒盈戒满，在到达临界点之前即退却，否则物极必反，要遭满盈之祸。第二个是人在做事时横向上要多走曲线，尽量不要直来直去，这样可减少阻力和风险，且事半功倍。因此可以说，老子“曲则全”的思想很丰富很深刻，且有学理根据，并不能简单地理解为委曲求全。老子下面的这段话我们应该很好地领会："曲则全，枉则直，洼则盈，敝则新，少则得，多则惑。是以圣人抱一，为天下式。不自见故明，不自是故彰，不自伐故有功，不自矜故长。夫唯不争，故天下莫能与之争。古之所谓曲则全者，岂虚言哉！诚全而归之。"

8. 慈、俭、不为天下先，是明哲保身之箴言。《老子》中有一段很有名的话，其文曰："我有三宝，持而保之。一曰慈，二曰俭，三曰不敢为天下先。慈，故能勇；俭，故能广；不敢为天下先，故能成器长。今舍慈且勇，舍俭且广，舍后且先，死矣！夫慈，以战则胜，以守则固。天将救之，以慈卫之。"老子这里的所谓"三宝"，当然是人生三宝，是明哲保身的三大法宝。那么，老子的明哲保身思想这么丰富，为什么只强调这三大法宝呢？"三宝"与顺其自然、重身贵己、见素抱朴、知足知止、为而不争、利而不害、功成身退、谦柔卑下、韬光养晦、委曲求全等明哲保身的思想是什么关系呢？笔者认为，"三宝"与其他明哲保身的思想是一致的，是相互包含和相互阐发印证的。"三宝"又是对老子所有明哲保身思想的高度概括和提升，基本上提炼了老子明哲保身思想的精华。慈，包含了顺其自然、为而不争、利而不害、上善若水等思想；俭，包含了见素抱朴、重身贵己、知止知足等思想；不敢为天下先，包含了谦柔卑下、功成身退、韬光养晦、委曲求全等思想。所以，我们说"三宝"是明哲保身之箴言，是明哲保身之纲要。老子其他思想你如果记不起来，但只要能做到慈柔、节俭和不为天下先这三条，那照样可以吉无不利、明哲保身。

9. 如临如履、慎终如始，是明哲保身之久策。老子向世人指示了明哲保身的思想和方略，仍然放心不下，他又进一步告诫人们，要想真正做到明哲保身，光掌握这些保身的方略和途径还不行，最重要的是谨慎行事，慎终如始。老子说："豫兮若冬涉川，犹兮若畏四邻。"为人处世，小心谨慎，好像冬天踩着薄冰过河；警觉四顾，好像随时要有邻国来进攻。老子又说："民之从事，常于几成而败之。慎终如始，则无败事。"老子的这种担忧绝对是必要的，古往今来，多少人功败垂成，多少人善始而不能善终。

（三）

大家都很清楚，笔者如此不遗余力地阐释老子明哲保身的人生哲学，是很容易受到指责和诟病的。那么，是什么鼓励和鞭策着我竟不顾非议，愿将老子明哲保身的大道和智慧进行淋漓尽致的阐发呢？是那活生生而触目惊心的残酷现实：有多少人，只因不慎，生命之花未来得及绽放即已凋零；有多少人，拼搏半生，老来却没有好下场；有多少人，为取蝇头微利，竟身陷囹圄；有多少人，为争一时高低，而亲朋反目；有多少人，虽才华横溢，却落拓终生……人们太不注意保护自己，人们太没有智慧来保护自己，因而才付出了沉重的代价。正因为这样，笔者不敢有所藏匿，不敢有所顾忌，愿将学习老子的真实体会和盘托出。

实际上，老子明哲保身的思想，是示人以正道，不是引人入歧途：贵身重己，不是只顾自己，不管他人死活，而是护己利人，于世有补；见素抱朴，知止知足，不是不思进取，降低人生目标，而是志存高远，从容淡定，多奉献，少索求；谦柔卑下、委曲求全，不是低三下四，不分是非，不持正义，而是襟怀宽广，容人容物，讲风格，顾大局；戒盈戒满、功成身退，不是因个人进退而影响公益，不是作秀，而是成事于己，推功于人，更有利于继往开来；韬光养晦、藏锋不露，不是阴诈和虚伪，不是摆迷魂阵，而是厚积薄发、待机而动、减少风险必需的艺术和智慧；慎终如始、不敢为天下先，不是思想保守，放不开手脚，而是临事而敬，三思而行，不冒大不韪。总之，老子的这些教诲，是既为己谋，也为人谋；既为君子谋，也为小人谋；既充满智慧，也不害义理。

是天之大道，是人间正途，不会坏人心术，人们完全可以放心地去学习、去领会、去践行，而皆有利无害。同时，笔者也相信，每位读者都有辨别和取舍的能力。

我们现在再来探讨这样一个问题，那就是，我们学习效法老子明哲保身的思想，主要应该学习什么呢？什么是最本质的呢？或者说从什么地方入手呢？笔者认为，我们对于老子明哲保身的思想，主要还不是学习他的韬光养晦、委屈求全等方略，而是学习老子那种顺其自然、乐天知命、见素抱朴、宠辱不惊、虚无淡定、为而不争、利而不害、上善若水的人生态度。只要真正具备了老子这种达观的生活态度，用这样的态度去待人接物，去安身立命，即使不用任何保身的智巧，那也将是随遇而安、吉祥如意、一派光明。清静自守，这不仅是保身之枢要，而且也是进德修业之途径。诸葛亮是一位深得老子之道的政治家，他有一段话说得好："夫君子之行，静以修身，俭以养德。非澹泊无以明志，非宁静无以致远。"

就拿老子奉告世人的护身"三宝"来说，除"不敢为天下先"带有智巧和方略外，另外两宝"慈"和"俭"都是指人的品质和生活态度。一个人只要慈柔博爱，民胞物与，自然就会拥戴者多，损毁者寡，身安无恙。一个人如果节俭自奉，清正廉明，就无争食鸟死之祸，哪来的身遗其殃？明代思想家吕坤也是一个深得老子之道的人，他在《呻吟语》中的几段话，也是说的这个意思："一念收敛，则万善来同；一念放恣，则百邪乘衅。""俭则约，约则百善俱兴；侈则肆，肆则百恶俱纵。"

前面我们已经说过，现代人太不注意保身了，也太不会保身了。那么，形成这种情况的原因是什么呢？其突出表现和症结又是什么呢？我们应该做一个分析，这样也更有利于领会和践行老子明哲保身的思想。我想从以下几个方面来说明一下这个问题：

1. 人生的终极意义是什么？生命的神圣和价值在哪里？应该如何珍

重人生和生命？这些对人生带有根本性的大问题，受种种思潮的影响，人们走进了一个又一个误区。人生在天地之间，作为“三才”之一，其人生是有终极意义的。这个问题，在中国古代已解决得比较好。但是，现代很多人虽然也口喊一些大道理，侈谈人生的志向和远大理想，其实，他们并没有真正建立起自己的精神家园，他们的心灵并没有真正安顿下来，而是如墙头之草、水中浮萍，随风摇摆，顺水漂游。有些人确也掌握很多知识和信息，甚至也十分精明，但人文素养比较薄弱，有关人生的很多问题并未领悟。关于生命的神圣和价值，那就更成问题。古人说：“身体发肤，受之父母，不敢毁伤，孝之始也。”就是说生命既是属于自己的，也是属于父母的，应该倍加珍爱。中国古代婚典举行的三拜大礼，一拜天地，二拜高堂，三夫妻对拜，就非常深刻地表明了人生的神圣和庄严。人的生命和成长，不仅要感谢父母，感谢社会，还要感恩于天地的赐予。如果不能善待自己的生命和把握好自己的人生，那将不仅愧对生身父母，而且也有愧于化育万物的天地。现代很多人则不然，没有了这种神圣感和庄严感，缺少了生命的责任感和使命感，甚至拿人生和生命当儿戏，公开叫嚷“愿以青春赌明天”。没有了生命，哪来的明天的阳光。以上说到的这些对待人生和生命的不正确态度，使人生降低了神圣和庄严，使人心中缺少了准绳和定力，使人的思想和行为易走极端，甚至做出一些极端之事。

2. 某些人对矛盾学说和斗争哲学理解有偏差，致使自己的思想和行为严重扭曲，本来是一些可以相互融通和协调之事，也大都采取斗争的方式来解决，为相互残伤埋下了伏笔。诚然，这个世界是充满矛盾的，矛盾无处不在；也是充满竞争的，竞争无时不有。但是，这个世界的本质却是相互和谐和相互依存的。人离不开大自然，一个人也离不开社会和他人。人离开大自然，将无立足之地；一个人离开社会和他人，将很快倒退到茹毛饮血的动物状态。因此，人和自然的关系，不是征服和被征服的关系，而是要敬畏大自然，依赖大自然，保护大自然。一个人与社会和他人的关系，也主要不是对抗的关系，而是相互敬重、相互理解、相互关心、相互依存的关系。

3. 受从众心理的影响，追求生活的目标趋于单一和雷同，千军万马挤在一条狭窄的小道上，相互摩擦甚至踩踏的现象当然在所难免。人生本应该是丰富多彩的，生活的方式应是最具个性化的。每个人都应当根据自己的禀性、专长、爱好、情致，来设计自己的生活之路。现在则不然，你从政，我也要当官；你经商，我也要赚钱；你当明星，我也要一夜成名……这种现象的发生，至少带来三个恶果：一是生活失去了乐趣和弹性，有些并非是心甘情愿，而是硬着头皮去做，只是为了满足虚荣；二是成功者寡，而失败者多，平添无限烦恼；三是加剧了竞争，激化了矛盾，甚至相互排斥和打击。如果每个人都能根据自己的实际情况，来设计出自己最愿意生活的方式和目标，而不盲目攀比，那对自己、对他人、对社会都将有莫大的益处。古时候有所谓的隐士，那应当也是一种人生的选择。现在的生活环境，我们不能再要求谁去深山老林里做真正意义上的隐士。但是，就古人对于生活方式多样化选择的态度，就古人知退知进的洒脱人生观而言，还是非常值得我们现代人学习的。老子本人就是一位隐士，但他对人类的文化做出了重大贡献。我们现在很多人都这样以为，自己有无穷的智慧和力量，人生应当轰轰烈烈。殊不知，就生活的本质而言，恰恰应当是平淡无奇的，就是那生儿育女和一日三餐。这样的人生不仅有无限的乐趣，也充满祥和和安然。

4. 人的生存是分为自然生存、社会生存和精神生存三个不同层面的，如何平衡好这三种生存的关系，对人生的意义和保身是至关重要的，而现代很多人并没有处理好这个问题。所谓自然生存，主要是指人的本能和生理需求；所谓社会生存，主要是指一个人在社会上扮演的角色，和个人如何处理好与社会的关系；所谓精神生存，则完全是个性化和超然的，它主要是人达到的素养和境界。老子虽然没有明确提出自然生存、社会生存和精神生存这三个具体概念，但老子的思想却统摄了这三种生存方式，并提出了如何平衡好这三种生存方式的明智见解。老子认为，人的生理需求即自然生存，在满足基本需要的情况下，要给以约束和限制，人在物欲声色面前要去甚、去奢、去泰；关于人的社会生存，老子也是主张要按道行事而且要进行规导的，那就是要自然无为，要见素抱朴，待人接物要和善，对名利财货等身外之物要看淡；对于人的精神生存，老子则寄予厚望，要不断地提升，要通过涤除玄览，逐渐进入澄明之境，且与道冥合，高远超迈。要之，老子更重视人的精神生存，且冀图利用高尚的精神生存来匡正和济扶自然生存和社会生存。现代很多人则不然，似乎不太重视精神生存，更多地追求感官刺激，追求所谓享受，追求名利和财货，并以此来衡量人生的价值。这样一来，人就很难从容淡定，强求和争夺之风即会盛行，各种凶险和相互伤害当然也就随之而来。很多人便会以求利为始，而以得害为终，甚至丧身败家，惜乎！

人生不易，生命只有一次。愿我们的每位读者，都能从老子的思想中受到有益启示，规划好自己的人生之路，调整好自己对生活的态度。为人要顺其自然，淡定从容，对事功为而不争，对他人利而不害，知行知藏，知止知足，做一个对社会有贡献，对他人有补益，而又能安享人生的明哲之士。

第八章
后发制人寓天机

应该说人们并不希望战争，但是，人类与战争如同影随其形，几千年来都从来也没有离开过战争。战争可以使很多人家破人亡，谈虎色变；战争也可以是很多英雄们的兴奋点，建功立业的最好时机；战争可以改变一切，包括庞大帝国的更替；战争可以破坏一切，化堂皇为废墟；战争也可以造就一切，带动各种新科技新器械的产生。至于说到战争本身战略战术的诡异多变，那更是很多精英最愿意竭尽心血和智慧的地方。古往今来的不少思想家和政治家也都关注战争，也愿意发表一些对战争的看法。老子作为代表时代水平的思想家和智者，不仅高度关注战争这一普遍社会现象，而且对如何看待战争、如何避免战争、如何克敌制胜等一系列有关重大问题，都有自己独特的见解和论述。老子的军事和战略思想，既源于大道，高标不凡，又切于实际，便于应用。因此，不少人都认为《老子》一书实际上是兵书，老子乃兵家之祖。

（一）

从古到今，说《老子》是兵书的大有人在。据说春秋时的政治家、军事家范蠡，就是把《老子》当作兵书来读的，他助越灭吴中的很多奇谋，都是从老子的思想中得到启示的。《隋书·经籍志》等典籍，把《老子》列入兵书一类。特别是唐朝宪宗时期有一个人叫王真，他是第一个明确提出《老子》是兵书的，他甚至说《老子》一书“未尝有一章不属意于言兵也”。他还结合着自己的体会和实践，完全从兵书的角度，对《老子》八十一章逐一进行了注释和发挥。虽有牵强之处，但总体上也还言之有理、持之有故。北宋的王安石和苏辙也都认为《老子》是兵书，盛赞老子的奇策良谋，说其“几于用智也，与管仲、孙武无异”。清初思想家王夫之认为《老子》既言兵，理应为“言兵者师之”“言兵者之祖”。近代魏源和章太炎等人也都认为《老子》一书主要是讲兵事和谋略的，他们说：“《老子》其言兵之书乎？天下莫柔弱于水，而攻坚强者莫之能先，吾于斯见兵之形。”“老聃为柱下史，多识掌故，约《金版》《六韬》之旨，著五千言，以为后世阴谋者法。”

笔者倒不认为《老子》就是一部兵书，尽管《老子》一书中直接谈兵的有十几章之多。当然，笔者也不认为《老子》就是一部纯粹的哲学著作。说《老子》是哲学著作，这只是我们根据现代学科分类的一种极不准确的说法。说《老子》是兵书或者哲学著作，都不能涵盖《老子》的精神。《老子》是中华民族文化的经典，它揭示的是天道、地道和人道，每一个人都可以从中找到安身立命、治国兴邦、祛邪判疑、进退攻守、清净自怡的启示和方略，各家各派都可以从中获得知识和教益。

《老子》虽然不是一部兵书，但《老子》中确有极其丰富的军事思想。举凡战争观、外交、军事、战略战术、民生、和平等各个方面，五千言中不仅都涉及到了，而且提出了一系列高屋建瓴、富有创意的见解。仔细分析一下，老子的战争和军事思想至少包括以下七个方面：

1. 战争有悖于天道和自然无为，战争起源于贪欲和争夺。老子认为“取天下常以无事，及其有事，不足以取天下”。这里的有事，即主要指战争。这就是说相安无事是正常的状态，是遵道而行事；一旦有了战争，天下就会纷扰不宁。那么，为什么会有战争呢？老子说：“天下有道，却走马以粪。天下无道，戎马生于郊。祸莫大于不知足，咎莫大于欲得。故知足之足，常足矣。”这就是说，天下有道时，马是用来耕田的；天下无道，连快要生产的母马也要奔驰在疆场。而挑起战争的原因，就是因为人们的不知足和贪欲太强。

2. 极力反对和制止战争，深刻揭示战争的残酷性和破坏性。老子反复诅咒兵者是不祥之器，有道者对战争是嗤之以鼻的。他说：“夫兵者，不祥之器。物或恶之，故有道者不处。”老子还要求一些辅国的谋士，要规劝诸侯以道德治天下，而不要靠武力威慑征服他人。老子还告诫那些穷兵黩武者，战争这玩意“其事好还”，你打别人，别人也不会等闲，最终必自焚。老子非常痛心地描绘战争带来的严重后果：“师之所处，荆棘生焉。”军队所到之处，田园就会荒芜；哪里有战争，哪里就会饿殍遍野。

3. 大国小国要平等相待，通过外交手段弭战谋和。老子主张大国与小国要平等相待，和平相处。老子还特别强调，在处理国与国之间的关系上，大国起着主导性作用。大国应该像江海一样，谦居下流，善待小国、弱国，这样才能天下太平。当然，小国也要主动向大国示好，求得大国的容让和庇护。老子的这些思想，集中反映在第六十一章上：“大邦者下流也，天下之牝也。天下之交也，牝常以静胜牡，以静为下。故大邦以下小邦，则取小邦；小邦以下大邦，则取于大邦。故或下以取，或下而取。大邦不过欲兼畜人，小邦不过欲入事人。夫两者各得所欲，大者宜为下。”老子赞美和平、渴望和平、呼唤和平，希望人人都能过上美满的太平日子。即使国防和军备不可废弃，也最好让它永无用武之地。“虽有甲兵，无所陈之”。

4. 即使被迫应战，也要慈悲为怀，把战争的伤亡减到最低限度。老子不仅诅咒战争、反对战争、制止战争，即使迫不得已的自卫战争，即使师出有名的正义之师，也要心怀慈悲，以战止战，适可而止，不穷兵黩武，不乱征滥杀。就是取得了胜利，杀死了很多敌人，也没有什么值得高兴的，那死去的毕竟都是一个个鲜活的年轻生命。老子关于战事要以慈为先的思想，有一段非常精辟的高论，笔者每读到此文时无不肃然起敬：“君子居则贵左，用兵则贵右。兵者不祥之器，非君子之器，不得已而用之，恬淡为上。胜而不美，而美之者，是乐杀人。夫乐杀人者，则不可得志于天下矣。吉事尚左，凶事尚右。偏将军居左，上将军居右，言以丧礼处之。杀人之众，以悲哀泣之；战胜，以丧礼处之。”你看，老子把战争斥贬到什么程度，连军中礼仪和我们的日常生活都是相反的：人们的日常生活以左为贵，军旅的秩序和礼节以右为贵；人们日常生活有喜庆之事也是尚左，以左为贵，遇到凶事，诸如办丧事才尚右，那么说来军礼都是以办丧事的习惯来安排的。两千多年来，无数的政治家、军事家从老子那里汲取良谋妙策，老子的很多光辉思想和智慧都被人们继承下来。可是，老子的这种悲天悯人的大爱情怀，特别是那种“战胜，以丧礼处之”的大慈大悲，很多政治家和军事家都未能做到。不要说那些喜好暴力的战争狂，就是很多正义之师，他们也多半只知为胜利、为歼敌而欢欣鼓舞，老子的这些情思已淹没在鼓角相闻声中。

在此我们再来说一下《老子》中的“故抗兵相若，哀者胜矣”这句话。现在，“哀兵必胜”一词已经成为人人皆知的成语。但是，究竟什么是哀兵呢？很多人并未得到确解，大都是望文生义，将哀兵理解为悲哀和哀痛之兵。以致在中国古代战争史上，有些将领为了符应老子哀兵必胜这句话，在军中披麻戴孝，大办丧事，竭力扮演哀兵的形象。笔者以为，“哀”与“爱”音同义通，老子说的哀兵，就是仁爱之师，就是慈爱之兵。就是那些对敌国的人民甚至士兵，也饱含着关爱之情的正义之师，而这样的军队最终是要胜利的。我这样理解“哀兵”，不光是着眼于汉字音韵学，老子下面这样一段话，更是有力的佐证：“夫慈，以战则胜，以守则固。天将救之，以慈卫之。”慈爱必胜，这是老子一以贯之的思想。

5. 立足于防御，以后发制人作为总的战略方针。老子虽然厌恶和反对战争，但他也深知在现实生活中，避免战争只是一厢情愿，善良者的和平美梦经常被战争狂人所粉碎。因此，老子并不一概地反对军备，而是倡导要建立起强大的防御体系，随时准备迎击来犯之敌。老子说：“犹兮若畏四邻。”意思是说要时刻提高警惕，防备他国的入侵。老子还提醒大家，国防情况是国家的最高机密，千万不可轻易泄露，造成被动。他说：“鱼不可脱于渊，国之利器不可以示人。”与这种防御体系有关，老子提出了后发制人的军事战略方针。如不先打第一枪，情况需要还可进行有目的的战略退却。老子说：“吾不敢为主而为客，不敢进寸而退尺。”不先打第一枪，不主动侵犯他国，被迫而进行自卫，这就首先在道义上站得住脚，就会赢得国际舆论的支持，就会使自己的军队变成得道多助的正义之师。但是，这些并不是老子后发制人的最要紧处。老子后发制人的真正智慧，是如何以反求正，由被动变主动，由柔弱胜刚强，最终达到克敌制胜的军事目的。老子这方面的思想，集中反映在第三十六章上：“将欲歙之，必固张之；将欲弱之，必固强之；将欲废之，必固举之；将欲取之，必固与之。是谓微明。”老子提出的先退让一步、后发制人，就是要达到这样一个效果和目的，退让和后发都不是目的，是手段和谋略，制人和最终取胜才是目的。正像上面所揭示的那样，张之、强之、举之和与之都是手段，都是策略，歙之、弱之、废之和取之才是最终目的。就大的军事战略原则来说，无非是分为先发制人或后发制人。当然，古往今来的政治家和军事家，倡导先发制人者更是大有人在，先发制人的优势也是显而易见的。那么，老子为什么这样崇尚后发制人呢？为什么对后发制人这样的自信呢？为什么把后发制人奉为克敌制胜的金科玉律呢？为什么要谆谆告诫世人，一定要坚守后发制人的方略呢？笔者认为，老子崇尚后发制人，主要原因就是老子认为后发制人符合道的运行规律，符合万事万物的发展变化方向。而老子又认为，符合道的东西最终是要取胜的。老子上面这段话里，有一个词叫“微明”，这非常值得我们重视。后发制人就是微明，微明就是按道行事，微明就是以幽致显的过程，在军事上可以说是由被动到主动的过程。

关于老子后发制人和“微明”的思想，古人早就注意到了。如韩非子在《韩非子·喻老》中说：“起事于无形，而要大功于天下，是谓微明。”王纯甫在《老子亿》中说：“将欲云者，将然之辞也；必固云者，已然之辞也。造化有消息盈虚之运，人事有吉凶倚伏之理。故物之将欲如彼者，必其已尝如此者也。将然者虽未形，已然者则可见。能据其已然，而逆睹其将然，则虽若幽隐，而实至明白矣。故曰：是谓微明”。《淮南子》一书深受道家思想的影响，这部书对老子后发制人的军事思想进行了阐释和发挥，《淮南子·原道训》中说：“先唱者，穷之路也；后动者，达之原也。何以知其然也？……先者难为知，而后者易为攻也；先者上高，则后者攀之；先者逾下，则后者蹶之；先者隤陷，则后者以谋；先者败绩，则后者违之。由此观之，先者则后者之弓矢质的也。犹錞之与刃，刃犯难而錞无患者，何也？以其托于后位也。此俗世庸民之所公见也，而贤知者弗能避也。所谓后者，非谓其底滞而不发，凝结而不流，贵其周于数而合于时也。”你看，《淮南子》对后发制人的优势和好处阐发得多么淋漓尽致，那后发制人最可宝贵处也在于其“周于数而合于时”，即符合于天道。宋代的思想家朱熹曾说：“老氏之学最忍，它闲时似个虚无卑弱的人，莫教紧要处发出来，更教你枝梧不住，如张子房是也。子房皆老氏之学，如峣关之战，与秦将连和了，忽乘其懈击之。鸿沟之约，与项羽讲和了，忽回军杀之。这个便是他柔弱之发处。可畏可畏!”朱熹所感叹的老子高明的地方，也正是老子后发制人和以柔克刚的战略思想。中国历史上很多政治家和军事家，都崇尚和效法老子后发制人的思想和战略，并演绎了一个又一个后发制人、以弱胜强的光辉战例：如齐鲁长勺之战、楚汉成皋之战、新汉昆阳之战、袁曹官渡之战、魏吴赤壁之战、吴蜀夷陵之战、秦晋淝水之战等。毛泽东主席更是会退却、善以弱胜强、重后发制人的大军事家和谋略家，不管是在抗日战争还是在解放战争中，这一战略思想几乎都贯彻始终。

6. 大象无形，开以奇用兵之先河。我们虽不能说在老子之前就没有以奇用兵的军事思想和战例，但我们基本上可以说，“以奇用兵”一语却最早见诸于《老子》书中。《老子》第五十七章中说：“以正治国，以奇用兵，以无事取天下。”所谓“以正治国”，就是以正道治国，有大道可依，有常法可循，在老子看来当然主要是要遵守清净无为了，“治大国，若烹小鲜”。所谓“以奇用兵”，则恰恰与治国相反，无章可循，无法可依，靠的是因地制宜，靠的是出奇制胜，靠的是上谋良策。老子的一个“奇”字，鲜明地概括出军事斗争的要害和特点，反映出战争不同于常态的特殊情况和要求。特别是老子作为一位悲天悯人、清净无为的思想家，一切都主张顺应和守成，而对军事斗争却有如此清醒的认识和把握，更显出老子的睿智和卓绝。人类几千年的军事战争史，各种军事集团和将领无不在“奇”字上做文章；一部战争史，从某种意义上说，就是出奇制胜的用智史。只有奇计、奇谋和奇袭，才有战争的辉煌，才有将军们的不朽英名。离开了“奇”字，将不会有真正意义上的战争，更不会有百战百胜的将军，战争就会失去魅力和看点。中国古代的军事家，无不欣赏和接受老子“以奇用兵”的思想，且结合战争实际不断进行创新和发展。所谓“六韬”“七略”，所谓“三十六计”“七十二策”等，几乎所有的军事著作，其最闪光处必然都是以奇用兵。《孙子兵法·势篇》中全面地发挥老子的这种思想：“三军之众，可使必受敌而无败者，奇正是也；……凡战者，以正合，以奇胜。故善出奇者，无穷如天地，不竭如江河……声不过五，五声之变不可胜听也；色不过五，五色之变不可胜观也；味不过五，五味之变不可胜尝也；战势不过奇正，奇正之变不可胜穷也。奇正相生，如循环之无端，孰能穷之。”

老子不仅在理论上开以奇用兵之先河，他还深刻地提出大象无形、大音希声，生动形象地描绘出以奇用兵所可达到的神奇效果：我严阵以待，敌人不曾发现队列；我举起手臂，敌人以为兵从天降；我军所攻之处，如入无人之境；我军装备精良，并不见刀光剑影；我永立于不败之境，敌人的一切战斗力都无用武之地。正如老子所说：“行无行，攘无臂，执无兵，乃无敌矣。”“入军不被甲兵。兕无所投其角，虎无所措其爪，兵无所容其刃。夫何故？以其无死地。”

7. 沉着冷静，是每个军事将领必备的心理素质。老子不仅提出“后发制人”和“以奇用兵”的高超战略思想，他还认为，要想克敌制胜，军事将领必须具备良好的心理素质：沉着冷静、慎思善谋、视高见远、不急不怒。老子说：“重为轻根，静为躁君。是以君子终日行不离辎重。虽有荣观，燕处超然。”又说：“善为士者不武，善战者不怒，善胜敌者不与，善用人者为之下。”这里需要指出的是，老子在军事上倡导的“静为躁君”的思想，还含有以静制动、以逸待劳、以柔克刚的旨意。至于“善战者不怒”的要求，那更是警世恒言，看一下人类战争史，有多少将领吃了激将法的亏，决策为情绪所控制，不该应战的应战，不该出城的出城，不该进攻的进攻……结果是由主动变为被动，或损兵折将，或全军覆没。

（二）

老子的军事思想和他的其他哲学思想一样，在中国历史上产生了巨大而深远的影响。不独唐代的王真，实际上很多政治家和军事家都把《老子》当成兵书来读，从中吸取智慧和谋略。特别是老子开道家言兵之先河，随着道教的发展，中国历代道教的代表人物，也大都对军事有所研究和贡献。我们经常会看到这样的历史场面，在交战的双方，每一方都有道家模样的人做军师。即如大家都熟知的诸葛亮，他也有道士的影子。老子的军事思想在不断被继承和发扬着，并被应用到战争的实践中。限于篇幅，我们不能将老子的军事思想对历朝历代的影响，都毫无遗漏地列举出来，同时也没有这个必要。在此，我们只是重点探讨一下老子对《孙子兵法》的影响，看《孙子兵法》从哪些方面继承发扬了老子的军事思想。孙子是兵圣，《孙子兵法》是中国最著名的军事著作。中国每个军事家几乎都是读着《孙子兵法》而带兵打仗的。我们只要搞清了老子对《孙子兵法》的影响，就基本上搞清了老子对中国军事思想的影响，确立了老子在中国军事史上的地位。换句话说，老子对中国军事思想的影响，主要是通过对《孙子兵法》的影响而间接发生的。

老子对《孙子兵法》产生过巨大的影响，这是毫无疑问的。虽然对于《老子》和《孙子兵法》的具体成书年代，学术界的看法不尽相同。但《老子》成书早于《孙子兵法》，老子比孙武年长三四十岁，都是有史可考的。不仅如此，就孙武的家世和生平来说，也与黄老之学有着密切关系。孙武的七世祖是从陈国逃到齐国的，后因军功受封于齐之乐安。陈国是老子的故里和道家发源地，齐国到战国时也曾一度成为黄老之学的中心。有的学者据此推断，孙武的祖辈可能是道家文化的最早传播者，是他们把陈楚之地的道家文化带到齐国，并推波助澜，最终也使齐国成为黄老思想的中心。生活在这样一种文化背景下，孙武借助老子的一些哲学思想，来构建自己的兵学理论体系就是非常自然之事。《老子》五千言，《孙子兵法》也仅六千余字，读者只要对照阅读一下，就会发现十三篇里到处都有老子思想的影子。有人做过这样的统计，《孙子兵法》中有十三句是老子原话的变形，有三十多处是老子军事理论的直接解释。那么，从大处着眼，老子对《孙子兵法》究竟有哪些影响呢？笔者认为，主要体现在以下十二个方面：

1. 从“不祥之器”到“不可不察也”

老子是反对战争的，他揭露战争的残酷性和破坏性，他诅咒战争是“不祥之器”，非君子之道。老子对待战争的这一态度，体现了人类的向善和人文关怀，也代表多数人的情感和心声，很容易被理解和接受。孙子是赞成和继承老子这一思想的，但是他作为一位军事家，没有一概地提出反对战争，而是指出要谨慎地对待战争，不要轻易言战。《孙子兵法》开篇说：“兵者，国之大事，死生之地，存亡之道，不可不察也。”孙子还提出要尽量控制战争的规模、缩短战争的时间，“善用兵者，役不再籍，粮不三载”“国之贫于师者远输，远输则百姓贫”（《孙子兵法·作战篇》）孙子和老子一样，都深知战争的危害，它不仅使大量人员伤亡，而且会使国家贫弱、百姓饥寒。由于老子和孙子的倡导，“自古知兵非好战”已经成为很多军事家的共识，已经成为中华儿女能够冷静看待战争的思想基础。在中华民族的历史上，始终没有像世界上有些民族那样，掀起对战争的崇拜和狂热，应该感谢这两位先哲。

2. 从“善胜敌者不与”到“上兵伐谋”

为而不争、利而不害是老子对待任何事物的总要求。即使对待战争这样极端的事件，老子也提出了“善胜敌者不与”等独特的解决问题的方略。孙子不仅全面继承了老子以谋取胜的军事思想，而且结合战争实践，进行了重大发挥和创造，形成完备的兵家智取理论体系。《孙子兵法·谋攻篇》说："是故百战百胜，非善之善者也；不战而屈人之兵，善之善者也。故上兵伐谋，其次伐交，其次伐兵，其下攻城。"不短兵相接、不相互厮杀、不攻城略地、不硝烟弥漫，能否取得战争的胜利呢？可以，完全可以。古今中外，靠外交、靠智谋、靠威慑取得战争胜利的例子，实在是举不胜举。要不然，哪来的"折冲樽俎"和"兵不血刃"这两个成语呢？老子和孙子提出的不战而胜的军事思想，与其说是卓越智慧的体现，不如说是广博仁爱之心的发端。老子和孙子都知道，死拼硬打而带来损伤的是交战的双方，而不管哪一方的死亡，又都是无辜的生灵。《孙子兵法·谋攻篇》接着又说："攻城之法为不得已。修橹轒辒、具器械，三月而后成；距闉，又三月而后已。将不胜其忿，而蚁附之，杀三分之一，而城不拔者，此攻之灾也。故善用兵者，屈人之兵而非战也，拔人之城而非攻也，毁人之国而非久也。必以全争于天下，故兵不顿，而利可全，此谋攻之法也。"

3. 从"以正治国，以奇用兵"到"以正合，以奇胜"

老子提出的"以正治国，以奇用兵"，其要义是强调治国和打仗要有不同的方针，一个重守正，一个重出奇。孙子不仅继承了老子的"以奇用兵"的思想，更重要的是他借用老子"正"与"奇"的概念，提出了军事斗争中的"正奇"理论和具体策略。孙子认为军事斗争和战争尽管错综复杂、诡异多变，但它不外乎奇正之变，一正一奇概括了所有军事斗争的特点和规律。《孙子兵法·势篇》中说："凡战者，以正合，以奇胜。……战势不过奇正，奇正之变，不可胜穷也。"那么，具体到布阵作战之中，奇正之变究竟是指什么呢？很多研究《孙子兵法》的专家和军事家认为：①在军队部署上担任警戒守备的部队为正，集中机动的主力为奇；担任钳制的为正，担任突击的为奇。②在作战方式上，正面攻击为正，迂回侧击为奇；明攻为正，暗袭为奇。③按一般原则作战为正，根据具体情况采取特殊作战方式为奇。

4. 从“大象无形”到“至于无形”

老子是重虚贵无的，他认为不仅整个宇宙都是“无”中生有，为人处世也是以虚无为妙，因此他崇尚“大象无形”“大音希声”——世界上最伟大、最奇妙的东西是看不见、听不到的，是不可捉摸的。布阵打仗，老子认为也是“行无行，攘无臂，执无兵，乃无敌”为高，来无踪、去无影的部队是不可战胜的。孙子发挥了老子贵无的思想，进一步提出：“微乎微乎，至于无形；神乎神乎，至于无声，故能为敌之司命。”（《孙子兵法·虚实篇》）意思是说：微妙呀，微妙，微妙到使敌人看不到形迹；神奇呀，神奇，神奇得使敌人听不到一点动静，所以就可以战胜和主宰敌军。

5. 从“上善若水”到“兵形象水”

老子在万物中最推崇水的德性，他以水喻道，说：“上善若水。水善利万物而不争。”不仅如此，老子还认为水无坚不摧：“天下莫柔弱于水，而攻坚强者莫之能胜。”孙子和老子一样，也崇尚水的德性，以水喻兵，并提出军队应像水那样因地制宜、随势变化，这样才能无往而不胜。《孙子兵法·虚实篇》中说：“夫兵形象水，水之形避高而趋下，兵之形避实而击虚。水因地而制流，兵因敌而制胜。故兵无常势，水无常形，能因敌变化而取胜者，谓之神。”话说到这里，笔者又要发一番感慨，我们现代人更多的是仅知道水的好处，仅知道人类一天也离不开水，却很少有人再像先贤那样，面对涵育万物的水而做点思考，去考察水有哪些值得我们效法的地方。

6. 从“不敢为主而为客”到“先为不可胜”

老子从天道和自然之理出发，认为人类的任何斗争包括军事斗争都将是后发制人，后发制人是老子的大智慧、大谋略，博大精深，我们后面还要做进一步探讨，这里就不再多说了。孙子虽然没有很明确地强调要后发制人，但他的军事思想也包含着很多后发制人的内容。如《孙子兵法·形篇》中说："先为不可胜，以待敌之可胜。"再如《孙子兵法·军争篇》中说："后人发，先人至。"

7. 从"知人者智，自知者明"到"知彼知己，百战不殆"

老子既主张有自知之明，又主张有知人之智，这样才能做出正确的判断，立于不败之地。孙子受老子这些思想的启示，提出了军事斗争中"知彼知己，百战不殆"的著名论断。在中国历代的军事家中，不知道"知彼知己，百战不殆"这句名言的恐怕不多。但知道这句名言还和老子的思想有某种联系的，恐怕也不多。

8. 从"以其无死地"到"绝地无留"

老子认为只要不入死地，或说有危险的地方，就会"虎无所措其爪，兵无所容其刃"，任何人想伤害也伤害不了你。孙子也提出，布阵打仗也是如此，对于危险的地带要赶快离开，做到"绝地无留"。

9. 从"静为躁君"到"将军之事，静以幽"

老子是主张阴胜阳、牝胜牡、静胜动、柔胜刚的。如："重为轻根，静为躁君。……轻则失本，躁则失君。"又如："牝常以静胜牡，以静为下。"孙子从战争的实际出发，提出了一整套以静制动、以逸待劳、以备待不备的战略。他说："将军之事，静以幽，正以治。"（《孙子兵法·九地篇》）意思是说带兵打仗，以镇静沉稳为上。

10. 从"常使民无知无欲"到"能愚士卒之耳目"

老子和孙子一样，为了达到无为而治和克敌制胜的目的，有些事情不一定让普通的老百姓和士兵参闻得太多。如老子说："是以圣人之治，虚其心，实其腹，弱其志，强其骨。常使民无知无欲，使夫智者不敢为也。为无为则无不治。"孙子则说："能愚士卒之耳目，使之无知；易其事，革其谋，使人无识；易其居，迂其途，使人不得虑。"（《孙子兵法·九地篇》）这段话的意思是：带兵打仗有时需要蒙蔽士兵的耳目，使他们对于军事行动毫无所知。作战方案不断变化，计谋层出不穷，使任何人无法识破奥妙；驻军常换防地，行军路线绕环不定，使任何人无法推测真实的方向。当然，我们的这两位先哲的愚民、愚兵政策，是从治国和战争的目的出发的，是极而言之。这种思想以现代眼光来看，有无值得商榷的地方，那是另一回事了

11. 从“善行无辙迹”到“善守者，藏于九地之下”

有人说老子说话有时好夸张，下面这段话就有这个嫌疑。老子说：“善行无辙迹，善言无瑕谪，善数不用筹策，善闭无关楗而不可开，善结无绳约而不可解。”这是什么样的高人和什么样的绝技，而能行走不留脚印，不用上锁而使人打不开房门，不用绳索能把东西捆绑得牢不可破。老子不是故弄玄虚，而是喻指合于道、明于道的奇妙境界。和老子一样，孙子也说了点看似带有夸张的话：“善守者，藏于九地之下；善攻者，动于九天之上。”（《孙子兵法·形篇》）又说：“故善攻者，敌不知其所守；善守者，敌不知其所攻。”（《孙子兵法·虚实篇》）

12. 从“善战者不怒”到“主不可以怒而兴师”

老子和孙子都是慎战派，他们尤其是反对因情绪而轻率开战，给国家和黎民带来不应有的损失。老子说：“善战者不怒。”孙子说：“主不可以怒而兴师，将不可以愠而致战。合于利而动，不合于利而止。怒可以复喜，愠可以复悦，亡国不可以复存，死者不可以复生。故明主慎之，良将警之。此安国全军之道也。”（《孙子兵法·火攻篇》）

（三）

老子微妙玄通的智慧是深不可测的，老子有关军事斗争的思想是极其丰富的。但是，老子有关兵家相争制胜的道理，无论是“柔弱胜刚强”也好，无论是“以奇用兵”也好，还是“将欲取之，必固与之”也好……老子克敌制胜最重要的法宝和谋略，归根结底，那就是后发制人。

老子认为不争斗则已，要争斗就要靠后发制人，为什么后发可以制人呢？老子认为它顺应了天道，天道的规律是什么呢？是“反者，道之动；弱者，道之用”。万事万物都朝着与自己相反的方向发展：高者要趋下，强者要衰弱，先者要落后……而这个规律是不可抗拒的。拿到战争上来说，也可以说是那些看似凶猛、不可一世的来犯之敌，随时都会再而衰、三而竭。所谓“弱者，道之用”，就是说道的力量主要体现在以柔克刚、以静制动和以备待变上。拿到战争上来说，就应该是后发制人，惟此才有天道相助。老子还认为，后发制人不仅符合天道，还符合人道，老子所说的“不敢为主而为客，不敢进寸而退尺”，即不先打第一枪，不先侵犯他人，奋起抵抗只是为了自卫。这就在道义上站住了脚，就会赢得舆论的支持，就会师出有名，就会成为最终必将战无不胜的哀兵。在老子看来，后发制人顺应了天道和人道，虽说是后发，实际上它已经占尽了最终制胜的先机。

后发制人不仅在道义上占有优势，在战略战术上也有很多优势，大有文章可作。后发制人可以避敌锋芒，察其形状，先削弱敌人的锐气和力量，充分暴露敌人的虚实和弱点，在动态中捕捉战机，待条件成熟时，一举夺取全胜。《淮南子·兵略训》中还有一段话，也是说后发制人的：“视其所为，因与之化。观其邪正，以制其命。饵之以所欲，以罢其足。彼若有间，急填其隙，极其变而束之，尽其节而仆之。敌若反静，为之出奇，彼不吾应，独尽其调。若动而应，有见所为，彼持后节，与之推移。”这段话的大意是：先不要盲目采取行动，要仔细观察敌方用兵的阵势和特点，随时采取相应措施。要先看准敌方用兵的阵势和特点，然后控制其要害。要用敌人所贪求的东西为诱饵，使其疲于奔命。敌方一旦出现漏洞，要马上乘虚而入。待敌人各种招数使尽、弱点暴露无遗时，再实施打击。敌人若也采取静守不动的战略，我方则可出奇袭击。要不断地调动敌人，使其处于被动的地位，与之周旋，寻找制胜的战机。我国古代的军事家在运用后发制人战略时，还提出后发就是适时而发，就是一发使人不可收拾，不可逃脱。如清人揭暄在《兵经百篇》上说："制人于危难，扼人于深绝，诱人于伏内。张机设阱，必度其不可脱而后发。盖早发敌逸，犹迟发失时。故善兵者，制人于无可逸。"

后发制人还有一层含义需要辨明。所谓后发制人，是就整体战略而言。但在实施后发制人军事战略时，并不是事事都后发，时时都等待敌方行动后再反击，而是因敌制宜，寻找战机，在具体战役中甚至又可随时先发制人。举个例子，敌方已经贸然主动向我方进犯，我方沉着镇静，做好一切应战准备，以逸待劳，诱敌深入，寻找战机，这已经是后发制人了。那么，我方设置埋伏，围拦阻截，兵从天降，随时打击，在具体战斗中，又变成了主动，又变成了先发制人了。如果机械地理解后发制人，那不是老子的智慧，而是宋襄公式的假仁假义，那就会坐失战机、惨遭失败，成为笑柄。

老子后发制人的战略，当然主要是针对军队与军队之间的战争而提出来的。但是，后发制人作为一个策略又具有普适性。在我们今天的和平年代里，它仍然可以给我们启示和教益。抛开政治斗争和商业竞争不说，就是在我们的日常生活中，也时常会有小人兴风作浪，主动挑衅，恶人先发难。当此之时，我们开阔一下胸襟，镇静一下情绪，再学习一下老子后发制人的智慧，那就不仅是行君子之道，而且也有了护身的法宝。

人类向往和平，我们都不希望看到战争和恶性的竞争。可是，如果真有争斗不可避免，那我们就遵守后发制人的方略吧。因为它顺应了天道和人道，蕴藏着制胜的天机。

第九章
知足之乐乐无穷

如果说《老子》一书是有关人如何生存的智慧，那么，它更是教人如何正确看待人生，如何幸福、快乐生活的学问。读老子的书，向老子学习，可能会有多方面的启示和收获。但读《老子》最重要的收获，应该是使我们的人生变得更加淡定和从容，使我们的生活更加幸福和快乐。

（一）

天地在氤氲之中化育万物，人类在愉悦之时繁衍后代。人类追求幸福和快乐具有先天性。无论你信仰什么，无论你崇尚什么样的生活方式；无论你是圣人豪杰，还是凡夫俗子；不管你是智是愚，也不管你是穷是富，人人都在追求幸福和快乐，这一点是没有任何疑义的。但是，在人类的实际生活中，却常常是乐少忧多，真正能天天快快乐乐生活的人只是少数。现代伟大思想家和科学家罗素，对人类不快乐的情景有生动形象的剖析和描绘，他说：“动物只要健康并有足够的食物，便会快乐。我们觉得人类也应如此，但事实不然，至少绝大多数人是这样。如果你本人是不快乐的，你也许会承认你并不是一个例外。如果你是快乐的，那么请问你的朋友中有几个和你一样。当你对朋友做过一番考察后，你可以去学学察言观色的艺术；你不妨去感受一下你平日所遇到的那些人的心境。英国诗人布莱克写道：'我所看到的每张脸上都有一个标记，那是弱点和苦恼的标记。'”罗素又说：“虽然不快乐的形式各异，但是它和你形影不离。假定你在上班时间站在热闹的大街上，或于周末站在马路旁，或在夜总会中，请把你的自我从脑子里抛开，让周围的那些陌生人依次占据你的思想。你将发现，在这些不同的人当中，谁都有自己的烦恼。在上班的那些人身上，你将看到焦虑、过度专心、消化不良、只对争斗感兴趣、不会玩耍，全不觉得有同事的存在……这些不同种类的不快乐，部分是由于社会制度的缘故，部分是由于个人心理的缘故——当然个人心理在很大程度上也是社会制度的产物。”

正是因为人人都希望生活得幸福快乐，而实际真正能做到天天快乐的人并不多，所以，如何使生活变得更加快乐，就成了人类探索的永恒课题，也是任何思想家、政治家和宗教家都要发表意见的焦点。我们甚至还会看到这种现象，几乎每个思想家、政治家和宗教家都自认为，如果按照他们提出的方案行事，人类将变得更加美好，人类的生活将更加快乐。

两千五百多年前的某一天，孔子和他的几个学生在切磋学问，当时在座的有子路、曾皙、冉有和公西华。孔子突然提出，你们平时总说没有人理解你们，请你们说一说自己的理想和志向。子路毫不客气，第一个抢先发言，他说：“给我一个拥有一千乘兵车的中等国家；这个国家夹在大国中间，外有军队侵犯它，国内又加以灾荒。我去治理，用不了三年时间，可以使人人有勇气，而且都懂得道义。”孔子听后，微微一笑。接下去是冉有和公西华相继发言，一个说愿意去治理一个小国家，确保使百姓丰衣足食；一个说愿意在会盟和祭祀时做个小司仪。孔子听后都未置可否。最后一个发言说人生理想的是曾皙，也叫曾点。《论语·先进》对曾皙发言的过程描述得很详细：“‘点！尔何如？’鼓瑟希，铿尔，舍瑟而作。对曰：‘异乎三子者之撰。’子曰：‘何伤乎？亦各言其志也。’曰：‘莫春者，春服既成，冠者五六人，童子六七人，浴乎沂，风乎舞雩，咏而归。’夫子喟然叹曰：‘吾与点也。’”这段话的意思是：孔子问：曾点，你是如何想的？曾点这时弹瑟正近尾声，铿的一声把瑟放下，站起来答道：我的志向和三位师兄所讲的有所不同。孔子说：那有什么妨碍，各言其志嘛。曾点便说：我向往的生活是，暮春三月，春天的衣服都穿定了，邀五六位成年伙伴，再带上六七个小孩，一同在沂水里洗洗澡，然后到高台上吹吹风，一路唱歌，一路走回来，这多么开心快乐。孔子听后长叹一声：我和曾点的志向是相同的呀！孔子对治国平天下的政治抱负都没有嘉许，而对曾点快乐的生活态度却给予深深赞同。

在我们一般人的心目中，儒家讲的都是三纲五常的大道理，孔子等都是正襟危坐的大圣人。殊不知，在如何使生活变得快乐有趣方面，孔子和老子等都是相通的。打开儒家的经典《论语》，开宗明义就是几个“不亦乐乎”：“子曰：学而时习之，不亦说乎？有朋自远方来，不亦乐乎？人不知而不愠，不亦君子乎？”孔子弟子三千，但他最欣赏的学生只有颜回一人。他最欣赏颜回什么呢？就是颜回乐天知命、从容不迫的生活态度。子曰：“贤哉，回也！一箪食，一瓢饮，在陋巷，人不堪其忧，回也不改其乐。贤哉，回也！”孔子本人也是“发愤忘食，乐以忘忧，不知老之将至”的，他还这样描述自己的生活和志向：“饭疏食饮水，曲肱而枕之，乐亦在其中矣。不义而富且贵，于我如浮云。”（《论语·述而》）

孔子和颜回这种乐天知命、从容不迫的生活态度，在思想界和学术界称为“孔颜之乐”或“孔颜乐处”。两千多年来，孔颜之乐对中国人的精神世界产生了深远的影响。特别是到了宋代程朱理学那里，他们借助老子和道家的一些思想，对孔颜之乐进行了全新的诠释和提升，使孔颜之乐有了新的内容和境界。宋代周敦颐是最先提出"孔颜乐处"这一课题的，并以此来教诲他的学生二程等人。程颢说："昔受学于周茂叔，每令寻仲尼、颜子乐处，所乐何事。"（黄宗羲《宋元学案》）又说："颜子在陋巷，'人不堪其忧，回也不改其乐'，箪瓢陋巷非可乐，盖自有其乐耳。"（《河南程氏遗书》卷一二）程颐也曾以孔颜乐处这个课题来考问教诲他的学生，请看下面这一段话："鲜于侁问伊川曰：'颜子何以能不改其乐？'正叔曰：'颜子所乐者何事？'侁对曰：'乐道而已。'伊川曰：'使颜子而乐道，不为颜子矣。'"（《河南程氏外书》卷七）宋明理学家讨论来讨论去，他们大致认为所谓"孔颜之乐"，应该包括这样三重境界：即以道为乐的境界、与道合一的境界、顺心任性的境界。明代泰州学派代表人物王艮，有一首《乐学歌》，淋漓尽致地概括了孔颜之乐和人心本有之乐，诗云："人心本自乐，自将私欲缚。私欲一萌时，良知还自觉。一觉便消除，人心依旧乐。乐是乐此学，学是学此乐。不乐不是学，不学不是乐。乐便然后学，学便然后乐。乐是学，学是乐。呜呼！天下之乐，何如此学，天下之学，何如此乐。"（黄宗羲《明儒学案》）

宋明理学是以提倡"存天理，灭人欲"而闻名于世的，很多人认为他们是典型的禁欲主义者，是宣扬等同于宗教的"人生即苦"的思想意识。但即便是这样，程朱理学家仍然以"孔颜之乐"为价值取向，竭力探索和讴歌人生的美好和快乐。我们下面摘录宋明理学代表人物的几首小诗，就更能清楚地看出这一点。

周敦颐诗："庐山我久爱，买田山之阴。……窗前即畴囿，囿外桑麻林。芋蔬可卒岁，绢布足衣衾。饱暖大富贵，康宁无价金。吾乐盖易足，名濂朝暮箴。"

程颢诗："云淡风轻近午天，傍花随柳过前川。时人不识余心乐，将谓偷闲学少年。"

朱熹诗："胜日寻芳泗水滨，无边光景一时新。等闲识得东风面，万紫千红总是春。"

宋代还有一个大学者邵雍，字尧夫，后人称康节先生，他既是一位著名理学家和象数学家，更是一个奇人。他终生不仕，但当时的王公大臣和社会名流都主动与他交结，司马光、富弼、文彦博和他是好朋友，程颢、程颐兄弟曾向他求学。邵雍曾天才地猜测到"月亮本无光"，认为地球南北极大寒而无生物。据说他有绝学未能传世，他的传世之作《皇极经世书》，也很少有人能够看懂。邵康节最大的特点，就是提倡人生要幸福快乐，并身体力行，诗酒自娱，无时不乐，连自己的住处也称为安乐窝。他曾说："谓人世之乐，何尝有万之一二，而谓名教之乐，固有万万焉。况观物之乐，复有万万者焉。"（《击壤集·自序》）邵雍的诗不下千篇，几乎每一首都是对快乐生活的吟哦。现摘录他的《安乐窝》一诗：

安乐窝中诗一编，自歌自咏自怡然。
陶镕水石闲勋业，铨择风花静事权。
意去乍乘千里马，兴来初上九重天。
忺时更改三两字，醉后吟哦五七篇。
直恐心通云外月，又疑身是洞中仙
银河汹涌翻晴浪，玉树查牙生紫烟。
万物有情皆可状，百骸无病不能蠲。
命题滥被神相助，得句谬为人所传。
肯让贵家常奏乐，宁惭富室剩收钱。
若条此过知何限，因甚台官独未言。

我们以上引用这么多资料，无非是想说明，从孔颜到程朱理学传承千年的儒家文化，在其作为国家主流意识时，不仅提治国安邦、纲常伦理的大道理，同时对如何实现快乐的人生也是非常关注的，也是很有建树和作用的。当然，仅就如何实现快意人生而言，儒家的见解是无法和老庄相提并论的。

佛教认为人生是痛苦的，可以说生下来就有许多苦恼，它把“苦”概括为八种，其中生、老、病、死是最大的四种苦，还有爱别离苦、怨憎会苦、求不得苦、五蕴炽盛苦等。佛教还宣称，拜佛修炼的最大作用就是使人可以离苦得乐，不仅可以有快乐的今生，还会有美好的来世。人生为什么会有烦恼呢？佛教认为主要是因为人有贪、嗔、痴这三个毛病。贪，就是贪欲；嗔，就是嫉妒和不平；痴，就是思想上的片面性。如何克制贪、嗔、痴这三个毛病呢？佛教也提出三个字的方案，那就是：戒、定、慧。即用各种戒律来限制贪欲，用宁静来安稳不平的心理，用智慧开启愚昧的偏见。佛教徒还认为，通过禅定和修炼，人们不仅可以去除很多烦恼，还可以达到禅喜的境界。所谓禅喜的境界，是指这样五种状态：①心灵自由的禅喜。②恬淡的禅喜。③如意的禅喜。④现前的禅喜。⑤觉悟证道的禅喜。据说有位禅师在修炼时，达到了禅喜的境界，曾高兴地叫起来，大喊道：“我真快乐啊！我真快乐啊!”平心而论，学佛修禅确实能使人的心境更加平静，有利于解除烦恼，保持内心的快乐。但企图通过学佛来达到人生的快乐，却又有两个方面的限制：一是佛教的基本理论和世界观，都是认为人生和万象是虚妄不实的，即“性空幻有”，当我们用佛教来慰藉人生时，那不可名状的空虚感和宿命感就会伴随始终；二是学佛参禅清规戒律很多，程序繁琐，除僧侣外，普通人又很难做到。就这些特点来说，老子的思想就显得更加理性和简便易行。

在中国民间，在普通老百姓之中，几千年来他们也一直在探索如何使生活变得更加快乐。中国老百姓世界观和生活态度的形成，除直接和间接地受儒家、佛教和道教思想的影响，自己也总结出一套指导生活的理念和原则，如“听天由命”“安于现状”“知足常乐”“不比不攀”等，而这些思想都被认为是对实现快乐人生有所帮助的。我们完全有理由相信，中华民族不仅是一个勤劳、智慧的民族，同时也是一个达观和乐观的民族。中国人的这一性格特点连外国人也注意到了。美国学者亚瑟·亨·史密斯曾经说过：“忍和韧这两个词根本不能涵盖中国人全部的美德。我们还必须注意到他们往往能在不幸的环境中保持心灵的安宁和长期的精神愉快，我们可称之为‘常乐’。我们的主要目的是要唤起人们对这种美德的注意；当然也可能会提出某些值得思考的问题，以帮助对这种美德的理解。”又说：“说中国人知足，并不意味着中国人只满足于已经获得的，而不希望获得更多更好。……我们相信，具有这种快乐性格的中国人决不在少数，每个在中国待久的外国人都会遇见他们。我们需要重申的是，如果历史所告诉的‘适者生存’是真的，那么中国人就会有一个美好的未来。”史密斯的判断和预言完全正确，中华民族正是凭着这种乐观向上、自强不息的民族精神，历经磨难而不衰，终于迎来了民族的伟大复兴。

（二）

我们读老子的书，听老子的传说，看老子的画像，老子给我们留下的最深刻和最鲜明的印象是：他既是一位大贤和大智，又是一个浑身上下都充满快乐的人。老子的智慧是极高明的，老子的快乐也同样是无比深厚的。老子的愉悦和快乐，不是一般人的沾沾自喜，不是一般人的喜形于色，也不是一般人在盘算好利害之后因有所得而流露出来的兴奋。老子的快乐，是天然的，没有丝毫雕琢和矫情；老子的快乐，是玲珑剔透的，了无尘垢；老子的快乐，是自内而外的，如地吐华，如海之涌；老子的快乐，是平和恬淡的，没有惊诧和过度；老子的快乐，是和善的，悦己而娱人；老子的快乐，是绵长隽永的，如日月之经天……

老子为何能达到这样至圣至洁的快乐境界？老子对我们实现快乐人生有哪些教诲和启示？我们下面就来梳理和剖析一下这个问题。

1. 得道之乐

老子得道缘于其智慧，老子快乐缘于其得道。老子是得道之人，老子是得大道之人。得道不易，连孔夫子都说："朝闻道，夕死可矣。"得道之人什么样呢？得道之人"微妙玄通，深不可识"，他高瞻远瞩，见人所不见之夷，闻人所不闻之希，博人所不博之微；他通晓天地变化之理，反者，道之动，弱者，道之用；他深谙万物之性能，有之以为利，无之以为用；他知吉凶之所由，祸兮福所倚，福兮祸所伏；他看破宠辱，得之不喜，失之不惊；他清静自守，甘于寂寞，绝学无忧；他超越生死，归根曰静，有始有终；他孔德之容，惟道是从……像老子这样的得道之人，他还会有想不开的事吗？他的人生能不快乐吗？

老子的继承人和后学庄周，把老子的这种得道后的快意人生，进行了夸大和推向极致。庄子认为，人得道之后不仅人生是快乐和适意的，甚至"天地与我并生，而万物与我为一"，可以无条件地逍遥游，即使生死之大事，也用不着忧伤。据说庄子妻子去世时，很多朋友都来吊唁致哀，而庄子居然鼓盆而歌，一点悲伤的样子都没有。庄子自己将要病死的时候，他的几个学生都很难过，正在商议要郑重其事地给老师发丧。庄子却笑着说：何必要认认真真地埋葬我呢？天地就是我的棺材，日月星辰就是我棺木上的装饰，我去世后往荒郊野外一丢就行了。林语堂先生有个观点，他认为用《庄子》来注解老子的思想，是再好不过了。庄子的思想尽管“汪洋辟阖，仪态万方”，但他的一切思想均发轫于老子。

人一旦得了道，按老子的说法就是有了大德，有了大德（得）即会不计小失，所以人生便会无往而不乐。

2. 观物之乐

老子说：“万物并作，吾以观复。夫物芸芸，各复归其根。归根曰静，是谓复命。复命曰常，知常曰明。”这就是观物之乐，这就是观物之乐最早的出处。老子认为，人得道之后，就会以超然和达观的态度来对待一切，看待一切，观察一切，这当然也包括自身及与自己相关的事物。这种达观和超然的态度，和我们通常看待事物的角度是大不相同的。它是在明白了事物发展变化的规律之后，带着欣赏和品尝的眼光来看待天地间一切和人事吉凶祸福的。我们一般人看待事物，或为曲见所蔽，或为情感所累，很难见到事物的真谛，且抛洒过多的喜怒哀乐。用达观的态度来看待万象，虽然山还是那座山，河还是那条河，事还是那件事，但青山更加妩媚，河水更加清澈，事件中充满更多真善美。老子的这一思想对后世影响巨大。有了老子的这种观物之乐，才有后来的庄周“鱼之乐”，才有宋明理学的观物之乐和格物之乐。

世界是美好的，人生是快乐的，但很多人或为事所累，或为情所牵，甚至看不到生活的美好和山川的秀丽。古时候有一个叫陈道婆的，她曾经这样感慨：“高坡平顶上，尽是采樵翁。人人尽怀刀斧意，不见山花映水红。”（《五灯会元》卷六）老子的观物之乐，就是让你去掉心中的“刀斧意”，用超然的态度去品尝生活的美好，去欣赏漫山遍野的映山红。

宋代大诗人苏东坡，最得老子真谛，进退自如，贵贱穷通无滞于心。诗深得禅道之助，意境高妙。他有一首诗，可以说就是老子观物之乐的形象写照。诗中说无论自己的学道，还是陈季常的参禅，都不及吴德仁的洒脱。诗曰：“谁似濮阳公子贤，饮酒食肉自得仙。平生寓物不留物，在家学得忘家禅。”

3. 清闲之乐

这一部分的内容本来也可以叫“清净之乐”、“淡泊之乐”或“无为之乐”，但笔者斟酌再三，以为还是叫“清闲之乐”更为妥帖。一个人如果有了内心的虚静，有了身体的清闲，那他必然是幸福快乐的。这正如一首偈子所描写的那样：“春有百花秋有月，夏有凉风冬有雪。若无闲事挂心头，便是人间好时节。”德国大诗人歌德曾这样呼唤：“甘美的宁静，来吧，啊，来到我的心怀！”心事再重的人，也希望心灵安顿下来；十分任劳任怨的人，也总想着身体有片刻的清闲。人们把享福叫作享清福，这不是没来由的。试想，一个人如果没有属于自己的空间和时间，乱事扰心，杂务缠身，他即便有再好的生活条件，恐怕也无快乐可言。还有这样一个小故事，大家一笑之后也或许会受到一点启示。说的是一个老翁正在海边晒太阳，面海而卧，怡然自得。这时过来一个小伙子，说：老伯，我们一起打造一条大船吧！老翁问：打造大船干什么？小伙子回答：到深海去打鱼。老翁又问：打那么多鱼干什么？小伙子回答：有了鱼就可以卖钱。老翁又问：要那么多钱干什么？小伙子回答：有了钱我们就可以一起享清福啦！老翁质问：你看我现在正在干什么？小伙子没再言语。当然，我们不能拘泥于故事本身的具体内容，如果有人咬理，说不打鱼吃什么？没有吃的，哪来的清福？那就不好回答了。但是，它旨在说明，有时快乐并不需要那么多的折腾。

清闲之乐对人生是那么需要和美妙，应该说要享受它也并非难事。但是，在现实生活中，由于认知、心理、事功和价值取向等多方面的原因，真正能够享受清闲之乐的人却是很少的。老子，这位旷古的智者，他不仅自己是享受清闲之乐的典范；更重要的，他向世人指出了两条通往清闲之乐的康庄大道。第一条路，就是要把心安下来，通过涤除玄览，达到“致虚极，守静笃”的境界，不受外物干扰，不为宠辱所动，始终做到“不欲以静”，始终做到“静为躁君”。当然，话好说，这需要长期的体悟和修炼，需要不断向大德学习。第二条路，面对繁重的生活和工作之累，要顺其自然，要“无为而无不为”，要“不为而成”，要“为而不争”。人生在世，无论是士农工商，还是兵学医艺，谁都要做事情，谁都想建功立业，这是应该鼓励的，也是社会进步的动力。关键是如何做事，关键是如何建功立业。“不为而成”，就是一条事半功倍、减少劳心劳力的高效之路。两千多年来，人们都以为老子是一位隐者，老子是不做具体事的，其实大谬不然。用传统的“三不朽”标准，老子在立言、立功、立德三个方面都是成功的。老子不仅创建了博大精深的道家思想体系，为中华民族留下了一份非常宝贵的文化遗产，他还是当时的国家图书馆馆长，为整理保存文献做出了重大贡献。周代的国家图书馆馆长，用我们今天的话来说，也是一位高级干部。担当这样重要而神圣的职务，老子怎么能不做事呢？他怎么能没有杂务缠身呢？老子不仅没有因为杂务缠身和社会活动而影响自己的清净之心，而且还巧妙地避开了周王室内部的争斗和火并，得以在动乱之中全身而退。

元朝刘致的元曲小令《山坡羊·西湖醉歌》中有句曲词说得好：“闲，天定许；忙，人自取。”我们静下心来想一想，很多忙乱都是自招自找，都是没有意义的。

4. 抱朴之乐

所谓抱朴，是指保持内心的淳厚和质朴，在老子的思想中还有两个和它相似的比喻，那就是“见素”和“婴儿”。朴，是未经雕琢的木头。素，是未经染色的丝。婴儿，就是未经后天污染的状态。老子主张要见素抱朴，要回复到婴儿状态。老子说：“见素抱朴，少私寡欲。”又说：“常德不离，复归于婴儿。……常德乃足，复归于朴。”还说：“专气致柔，能婴儿乎？”“含德之厚，比于赤子。”“我独泊兮，其未兆，如婴儿之未孩。”老子为什么这样推崇朴、素和婴儿呢？因为他认为，朴、素和婴儿不仅包含着真善美，也是人生快乐的依据和源泉。见素抱朴和婴儿状态为什么是快乐的呢？老子认为它充满了天真和新奇，它没有杂念和执着，它没有恩怨和愤懑，它没有过多的欲望和期求，它只有无条件的怡然和自乐。我们每个人都有这样的体验，我们天真烂漫的孩童时代，那时尽管没有多少知识和技能，没有财富和名声，当然更没有权势，但那却是人生最快乐难忘的时光。不管你是出身豪门，还是寒舍；不管你是身在繁华都市还是穷乡僻壤；不管你是神童少年，还是少不更事；当你回忆起儿童时代时，无一不充满着留恋和向往。那美妙而一去不复返的童年，其美好的记忆永远留在心房，甚至成为鼓舞我们走完艰难人生的精神力量。

老子倡导素朴，老子赞美婴儿，但并不是要我们茹毛饮血，并不是要我们真正回到一无所有的未孩婴儿状态。这也是不可能的。老子只是方便说法，旨在让我们人类、让我们每个人，无论你怎样发展，无论你怎样实现自我，都要尽量多保留一些天真淳厚，多保留一些先天的美德和快乐。人生随着知识的增长和阅历的丰富，确实执着和分别会越来越多，越来越重；但执着和分别不当，就会成为人生烦恼的渊薮。程颢在他的一首诗里，也表达了和老子相似的这种思想：“对花酌酒公能乐，饭糗羹藜我自贫。若语至诚无内外，却应分别更迷真。”

5. 知足之乐

老子说：“祸莫大于不知足，咎莫大于欲得。故知足之足，常足矣。”又说：“知足不辱，知止不殆，可以长久。”“知足者富”，这是对中华民族文化影响至深的一个重要思想——“知足常乐”一语的来源和出处。知足常乐这一至理名言虽然浸润我们中华儿女几千年，但在现实生活中，人们仍然难见知足者的快乐，看到的多是不能满足欲望的焦虑和惆怅。有的学者指出，影响人们的幸福指数和快乐情绪的，尽管有诸多因素，但欲望的不能满足首屈一指。那么，人们究竟有多少欲望需要满足呢？有的学者说，人类有三个层次的欲望和需求需要满足；有的学者说，有五个层次的欲望和需求需要满足，从饮食男女一直到希望得到他人的赞许和社会尊重云云。这些分类都无关宏旨，有一点是不争的事实，那就是人的欲望是没有止境的。山可以平，海可以平，唯独人的欲壑难平。清人钱德苍所辑《解人颐》中有一首《不知足诗》，生动形象地描绘出人心的不足。其歌曰：

终日奔波只为饥，方才一饱便思衣。
衣食两般皆俱足，又想娇容美貌妻。
娶得美妻生下子，恨无田地少根基。
买到田园多广阔，出入无船少马骑。
槽头拴了骡和马，叹无官职被人欺。
县丞主簿还嫌小，又要朝中挂紫衣。
若要世人心里足，除是南柯一梦西。

正是因为欲壑难平，正是因为人心不足，老子才明智地提出人要知足。一个“知”字，抓住了关键，切中了要害。满足不满足，主要不是外求，主要不是靠获取，那样只能是夸父逐日；满足就是自求平衡，就是自我的感觉。自己认为不满足，任何外力无以加劝；自己认为满足了，任何外力无以阻拦。当然，当你发自内心地感觉一切都满足时，接踵而来的便是不可言状的快乐和欣然。更为严重的问题，老子还尖锐地告诫世人，如一味地不知足、不知止，欲火炽热，不仅会丧失快乐的情绪，还会招来祸灾和耻辱。

欲望和需求的不能满足既然是我们人生快乐的最大障碍，那么，我们要问：人类的快乐真要靠那么多欲望吗？真的需要那么多外在的东西吗？不需要，的的确确不需要。幸福是简单的，快乐是廉价的，它几乎像空气和水一样，你只要愿意得到，随时随处都有。据说苏格拉底在市场上看到许多琳琅满目的奢侈品时，不禁感慨地说：“这个世界有多少东西是我不需要的啊!”比老子晚两千多年的法国哲学家叔本华，是一位对生命、人性和幸福有着独到见解的大师，他也说：“进一步说来，所需很少，输入愈少的国土是富足的；所以拥有足够内在财富的人，他向外界的寻求也就很少，甚至一无所求，这种人是何等的幸福啊！输入的代价是昂贵的，它显示了该国尚不能独立自主，它可能引起危险，肇生麻烦，总之，它是比不上本国自产的。这样说来，任何人都不应向他人或外界索求太多。”（《叔本华人生哲学》）叔本华还引用荷瑞思的话说：“世界上最大的傻子，是为了外在而牺牲内在，以及为了光彩、地位、壮观、头衔和荣誉而付出全部或大部分闲暇和自己的独立。”叔本华还有一句名言：“我们可将财富比作海水，喝得愈多，愈口渴，声名亦复如此。”（《叔本华人生哲学》）

（三）

现在有一个新的概念叫“幸福指数”，据说全世界都在引用，笔者以为这很有点意思。所谓“幸福指数”，它应该是指人们对生活是否幸福和快乐的感受程度，财富和名利等在其中不占有重要位置。幸福指数如果被广泛地认同和接受，这将是人类对待自身生活和生命的一次理性升华，它是在冲破种种虚妄和迷误之后才被发现的。我们现在每个人占有的财富不知比过去多了多少，生活条件不知改善了多少，衣食住行不知方便和提高了多少？但若要平心而论，问一下我们每个人的幸福指数提高了多少？那就很难回答。不是经常听到有人这样抱怨吗？现在生活条件这么好，但并感觉不出舒心和快乐。下面我们就来讨论一下，现代生活不快乐的表现和原因是什么？如何向老子来借智慧，以化解我们心中的不快呢？

1. 多种价值取向泛起，人生终极意义淡化，动摇了生命持久快乐的根基。人生是应该有远大理想的，人生也是有终极意义的；人生要吃喝玩乐，但人生绝不仅仅是为了吃喝玩乐，人生还有更高尚、更宏大的目标。什么是人生的远大目标，当然一两句话很难完全概括。我们可否作这样的描述：所谓人生的远大理想，那就是为了探索和实践真理、为了给社会和他人谋福利而愿做终生的努力。有了远大的理想，不仅提升了生命的价值，而且会成为人生取得持久快乐的源泉。君不见那些古今中外的志士仁人，他们抱定了远大志向，虽历经千辛万苦，但终其一生都是阳光和快乐的。现在有不少人，受各种思潮的影响，他们没有了远大理想，或把人生定位为实现个人价值，或把人生定位为赚钱谋利，或把人生定位为享受淫逸，这样的人生观，经不起风吹浪打，稍有不顺，即怨天尤人，悲伤难捺，自暴自弃。老子之所以终生快乐，就是因为他体悟到了天地和人事的大道，并且皈依大道，按道行事，向人示道。我们不能要求每个普通人都像老子那样，去体悟大道，去超凡脱俗。但每个人都可以通过观察和学习，多明白一些事理，多开阔一些胸襟，把人生的目标再提高一点，这样就不仅使生命变得更有意义，而且会带来很多意想不到的收获和快乐。

2. 竞争激烈，承受的压力大，心情变得焦虑和紧张。市场经济，在很大程度上带有竞争性，优胜劣汰是其鲜明的特征。无论你从事何种行业，不管是做工的，还是经商的；不管是搞技术的，还是从艺的，要想立于不败之地，要想出人头地，都要参与竞争。现在人们面临竞争的激烈程度，是以往任何时代所无法比拟的。按理说，公正公平的竞争是一件好事，它既是社会进步的表现，又是推动社会继续前进的动力。现在的问题是，我们的很多朋友不会竞争，不善于竞争，不能正确对待竞争，不能游刃有余地掌握竞争。他们在激烈的竞争面前变得惊慌失措，乱了方寸，承受着巨大的压力，不仅享受不到竞争的快乐，而且变得焦虑和紧张。当下抑郁症、失眠症和其他疾病的增多，应该说都和这种情况有关。老子的无为思想，并不是真的什么事都不做，因为它最终是要“不为而成”的；老子的不争，也不是真的不去竞争，因为他最终也是要别人“不能与之争”的；特别是老子静守的思想，它既是我们参与竞争的制胜法宝，又是我们参与竞争应有的心理素质……如果在激烈的竞争面前，能体会一下老子的这些微言妙语，那得到的就不仅仅是胜利的果实，还有整个竞争过程中的快乐。

3. 无序发展，盲目攀比，心理严重失衡和扭曲。能否做到心理平衡，是人类幸福和快乐的重要保障。人的心理是否平衡，主要受各种比较的影响。据说汉字幸福的“幸”，它的本义就是侥幸免难的意思，即很多人都出事了，惟独他安然无恙，因此他认为自己是幸福的，自己是快乐的。这种心理，虽然多少有点阴暗，但的确是人类的某种潜意识。再如，在过去生活困难时，别人都吃不上饭，我虽然吃的是粗茶淡饭，但已经感到知足和幸福了。现在，我们已经吃上大米白面，生活比过去好多了，但别人却在吃山珍海味，自己的幸福感反而没有了。比较不要紧，比较是人类获取知识、做出辨别和判断的重要方法。但关键是和谁比，比什么？先贤早就有言，生活和享受上要往下比，进德修业和给社会做贡献方面要往上比。现在很多人不是这样，而是盲目攀比，不顾客观和自身条件，别人干什么，自己就想干什么；别人能得到的，自己都想得到。你可以暴富，我为什么不可以暴富？你可以一夜成名，我条件也不比你差！这样比来比去，当然是越比越上火，越比心理越不平衡。

现在让人心理不能平衡的，主要还不是上面说的这些盲目攀比，更让人心理不能平衡的是瓦釜雷鸣、恶紫夺朱、假作真时真亦假。这种心理不平衡，其影响更深更广，连一些有德之士也很难做到安之若素了。在正常的情况下，一个人的成就、一个人的社会地位、一个人的声誉，是他多年殚精竭虑、苦心孤诣奋斗的结果，也是社会所公认的。大家之所以不走捷径，之所以不去弄巧，正因为有完整的秩序可循。正因为有严格的章法可依，安富尊荣，不是随随便便即可到手的。但时下也有一些怪现象：你是教授，谁不是教授，随便一凑就能凑出一桌有教授职称的人，于是真教授的矜持和尊贵则荡然无存；你是企业家，谁不是企业家，君不见现在总裁、总经理“满天飞”，于是真企业家也无可奈何；你是艺术家，谁不是艺术家，说不准《世界名人录》里有我而没有你的名字，因为艺术水准更不好定评，有时会使我们的真艺术家怀疑起自己的艺术成就来；你是名人，谁不是名人，说不准明天我的名字和形象就会出现在各大媒体上；最令人尴尬和沮丧的是，当你拿一本打磨多年、呕心沥血的力作来赠送周围的朋友指正时，他们中许多人会回赠一本他们的新作，尽管你知道他们中有的人根本就不读书，但你不能说他们的新作不是书，说不准比你的力作还要印制精良……这么多的假作真时真亦假的怪现象，如果不学习一下老子清静达观的思想，心理怎能平衡，生活怎能快乐，正道怎能坚守，最终怎能分出假和真来。

4. 知识和信息爆炸，生活节奏加快，自由的空间减少。科学和技术的双刃剑，在现实生活中越来越鲜明地表现出来。如果说老子当年担心使用桔槔这样的机械会给人类带来麻烦还为时过早的话，那么手机等现代通信工具已经真的显示出利弊参半了；如果说老子当年提出绝智弃辩还会使很多人莫名其妙的话，那么现在则会使人由衷地认为老子实在是有先见之明呀！你看，所谓的知识，层出不穷，花样翻新，使你学不胜学，习不胜习；所谓的信息，铺天盖地，接踵而至，使你防不胜防，躲不胜躲。那么，要问这些知识和信息有多少是有用的呢？有多少又是有益的呢？天知道！我们真的到了为知识所惑、为信息所扰的地步了！再者，由于交通和通讯的发达，人们的生活节奏数十倍地加快。我们经常看到一些朋友，说是到某一环境优雅的地方去度假，实际他们像火烧屁股一样，坐着汽车或飞机奔驰而去，有时竟住不了一晚上，又急驰而归，这哪里是去消遣，更像是去送“鸡毛信”。生活节奏快有提高效率的一面，但它对生活质量的负面影响也是显而易见的。现在的问题是，我们作为一个现实生活中的人，并不能跳出三界外，并不能完全排除各方面有害的干扰。那我们用什么样的方法，来尽量使我们的生活轻松一点呢？使我们的自由空间扩大一点呢？老子有关清闲之乐的教诲，是可以提供良方的。

5. 可欲之利更多，可求之事更繁，心为物役不得释然。如果说老子在两千多年前就指出：“祸莫大于不知足，咎莫大于欲得。”并告诫世人过度地追求物欲和寻求感官刺激就会“五色令人目盲，五音令人耳聋，五味令人口爽，驰骋畋猎令人心发狂，难得之货令人行妨”，那么，在今天随着技术的发达，随着物质生活的极大丰富，随着生活方式的多元化，人们的欲火空前炽热，贪得之心日益高涨，甚至沉睡千年的不正当欲求也被调动和激活。如果说天空的星星可以摘下来炒着吃，那一定会有很多人趋之若鹜。我们不反对人的正常欲望，也不反对不断提高生活水平。我们只是认为，那种过度的贪得和欲求，只能是心为物役，形影相追，劳力伤神，其中并无幸福和快乐可言，最终是事与愿违。世上可得之物很多，不一定都据为已有；世上可求之事很繁，不一定都亲去追求！

人人向往幸福快乐的生活，但通往幸福快乐之路却有千条万条。愿我们接受老子的智慧和指引，多一条通往幸福和快乐的康庄之路吧。

第十章
颐养天年寿而康

老子思想中有关健康和长生不老的微言大义，被后来以他的名义创建的道教学派发挥得淋漓尽致，构筑起一个庞大的知识和实用系统。老子养生思想对后人的影响，其深度和广度甚至超过了他的“无为而治”的思想。举凡中医、养生、武术、修炼、气功、导引、服食、调息和体育运动等，无不深深打上老子思想的烙印。老子的养生思想，仍鲜活地流传在我们每个人的生活之中。

（一）

健康和长寿是人们最为关心的问题，如果条件允许的话，长生不老也是人人所希望的。笔者年轻时曾患有神经衰弱，总以为随时都会失去生命，当然这只是主观想象。虽然这种经历曾带给我莫大的痛楚，但也带来了意外的收获。那就是，促使我系统地对生命的意义、生和死的真谛进行深入的思索。据说哲学和宗教的产生，都是源于人的生命的有限性，都是源于人要死亡这一不可更改的客观事实。我思考了很多这方面的问题，也写了不少读书笔记。这里，只是想引用《生命的悲剧意识》一书中的几段话，旨在说明人类是多么希望长生不老和获得永恒。笔者二十多年前读的这本书，其作者是西班牙著名作家和思想家乌纳穆诺。笔者手头上已没有此书，主要根据是当时的读书笔记，也可能有个别词句会不太确切。

乌纳穆诺说："每一个个体所藉以坚持的这一种努力，并不是包含于有限的时间之内，却是包含在无限的时间内。这也就是说，你、我以及斯宾诺莎都希望能够不死，并且，这种对于不朽的渴望乃就是我们真正的本质。"

又说："生命不能屈服于理智，因为生命的目的是要活下去而不是了解！……我不相信那些人所说的话，他们说对于死亡的另一端的期望并不曾折磨他们，而有关于他们自身的毁绝这种想法也不曾令他们感到不安。"

还说："因为唯有苦痛，唯有渴求不死的激情的渴望，才能使人类的精神成为它自己的主宰。……怠惰乃是所有恶德的根源，这是千真万确的；但是，我们不要忘记：最不可赦的怠惰就在于不曾狂热地渴望不朽。"

乌纳穆诺还提出了一个重要而独特的观点，那就是，人类的爱心和对美的追求，也源于人类生命的短暂而又希望永恒这一客观现实。如果真是这样的话，那么，健康和长寿的问题，生和死的问题，追求永恒的问题，就真的成为人类一切思维和行动的出发点和落脚点啦！

中国的圣人孔老夫子也是非常重视养生的，他不仅对饮食讲究"食不厌精，脍不厌细"，还提出要养成"食不语，寝不言"等良好的生活习惯。孔子反对酗酒，倡导"唯酒无量，不及乱"，要"不为酒困"。相传《易传》也是孔子所作，这部经典对生命进行了倾情讴歌："天尊地卑，乾坤定矣。……是故刚柔相摩，八卦相荡，鼓之以雷霆，润之以风雨；日月运行，一寒一暑。乾道成男，坤道成女。乾知大始，坤作成物。乾以易知，坤以简能。”又说：“天地之大德曰生。”孔子是否追求生命的永恒呢？他没有正面回答这个问题，《论语》说“子不语怪力乱神”，但从孔子对祭祀的敬重，从他一整套慎终追远的言行中，我们能感觉到孔子是希望人的灵魂不朽的。

对中国文化产生重要影响的佛教，尽管其教义博大精深，其修行的清规戒律繁多，但其最实质的东西却非常简单，即对生死的超脱和对生命永恒的向往。读者不妨认真考虑一下，那汗牛充栋的佛典，那千万虔诚的僧尼，那数不清的庙宇，那永不停息的暮鼓晨钟，始终向您诉说着一个道理：解脱烦恼，超越生死，获得永恒。佛教是非常重视养生的。僧尼们不仅开发出很多保健食品，创造出很多健身运动，而且为了修行和健康长寿，不惜屏弃一些正常的生理需求。佛教徒不仅爱惜自己的生命，也珍爱众生，不杀生，不吃荤。

希望长生不老，追求永恒，中国有一个典型的例子，那就是秦始皇。秦始皇一统天下，富有四海，无所不能，但这样的丰功伟业，和短暂的人生确实形成了巨大的反差。据说，为了达到长生不死的目的，秦始皇先是想让能工巧匠把太阳钉住，使瞬间变为永恒，这当然是不可能的。接着，又派大批的方士，到处寻找长生之药，这当然也是劳而无功。后人不是有句话吗，“万里长城今犹在，不见当年秦始皇”。在此需要指出的是，这不是秦始皇个人的悲哀，而是人生的无奈。

说了上面这么多话，无非是想表达生命是美好的，健康和长寿是人们最为关注的，如果可能的话，永恒也是人类发自内心所期望的。知道了这些人人共有的意识，就能够更加理解老子养生之道的睿智和理性。

(二)

儒家、佛教和很多东西方哲人虽然都论述过养生问题，但都远不如老子和道家的影响深远。毫不客气地说，中国人几千年有关健康和养生的知识，主要来源于老子和道家的学说。老子关于生命和养生的思想，是极其博大精深和自成体系的，其具体内容和影响至少包括以下七个方面：

1. 热爱生命，赞美生命，把生命看得高于一切

只有热爱生命，看重生命，珍惜生命，才会关注健康，才会探索养生之道，才希望长生不老。《老子》五千言中，充满了对生命的赞美，充满了对生命的自信。老子尊重生命，是因为人的生命既是道化育的结果，同时又是认识道的主体。“道生一，一生二，二生三，三生万物”，没有道，便没有万物和人的生命；同样，没有人的生命，道的光芒又无从显现。老子曾自豪地宣布：“故道大，天大，地大，王亦大。域中有四大，而王居其一焉。”人在宇宙中虽然如同尘埃，但她的分量和价值却与道同等重要，与天地同辉。既然生命如同天地一样贵重，那么，任何身外之物和生命相比，都是微不足道的，都是可以舍弃的。老子发出这样的诘问：“名与身孰亲？身与货孰多？得与亡孰病？”那不疑的结论当然是：生命比虚名可亲，生命比财货重要，一时的得失都要以有利于生命来权衡。老子一切有关养生的知识和方术，都与这种浓厚的重生情愫分不开。

2. 考察万类，以婴儿为喻，清楚标明和合和柔弱是生命的最佳状态

生命的实质是什么？什么是生命的最佳状态？这是养生要首先辨明的根本问题。老子凭借着他独具的慧眼，根据他对动物、植物各种生命体的详细观察，非常高明地提出了和合和柔弱才是生命的最佳状态。生

命不是张牙舞爪，生命不是强悍，生命也不是成熟，那貌似强壮和成熟的生命体，只能说明已经到了日薄西山。老子斩钉截铁地向世人宣告："人之生也柔弱，其死也坚强。万物草木之生也柔脆，其死也枯槁。故坚强者死之徒，柔弱者生之徒。"大家只要看一下我们身边的动物和植物的生命过程，就知道老子说的话是真的。据医学家报道：人在二十岁以后，动脉就逐步硬化，肌肉和骨骼也开始变僵。毫无疑问，人的生命历程，就是由柔弱逐渐变为坚强的过程，最后成为一具僵尸，生命宣告结束。据此，养生的主要任务，就应该放在阻止和延缓生命由柔弱向坚强的演变上。老子还认为，生命最佳状态的另一个特点是和合，是天真。什么是和合？就是生命体内部的各系统高度和谐，浑然一体。老子观察到，婴儿既代表了无比的柔弱，又具有高度的和合性，因此他堪称生命最佳状态的标志。老子深情地赞叹道："含德之厚，比于赤子。蜂虿虺蛇不螫，攫鸟猛兽不搏。骨弱筋柔而握固。未知牝牡之合而朘作，精之至也。终日号而不嗄，和之至也。"那么，养生的目的，当然最好是能做到返老还童。

3. 顺其自然，性命双修，是养生的指导思想

"人法地，地法天，天法道，道法自然。"道是宇宙间的总法则，道的最大本质和特性就是自然。养生和其他行为一样，都要按道行事，按道行事就是要顺其自然。王弼在《老子注》一书中，对"道法自然"一语有很好的解释，他说："法，谓法则也。人不违地，乃得全安，法地也。地不违天，乃得全载，法天也。天不违道，乃得全覆，法道也。道不违自然，乃得其性，法自然也。法自然者，在方而法方，在圆而法圆，于自然无所违也。自然者，无称之言，穷极之辞也。用智不及无知，而形魄不及精象，精象不及无形，有仪不及无仪，故转相法也。道法自然，天故资焉。天法于道，地故则焉。地法于天，人故象焉。所以为主，其一之者主也。"老子还就养生中如何道法自然，有一段详细的论述："道

生之，德畜之，物形之，势成之。是以万物莫不尊道而贵德。道之尊，德之贵，夫莫之爵而常自然。故道生之，德畜之，长之育之，亭之毒之，养之覆之。生而不有，为而不恃，长而不宰，是谓玄德。”这就是说，道不仅可以生产万物和人的生命，而且可以自然而然地抚育和成长万物，使其各正性命。人只要顺其自然，与四时合其序，不做拔苗助长之事，没有伤害性命之举，这就是最大的养生了，就可以颐养天年了。反之，如果违反自然之道，过度地关注生命，对生命进行过度的保养，就是老子所说的“以其生生之厚”，这不仅不是养生，甚至还会招致疾病和夭亡。庄子是深得老子养生之道的，他说：“道者，万物之所由也，庶物失之者死，得之者生；为事逆之则败，顺之则成。”（《庄子·渔父》）

现在再来说一下性命双修。所谓性命双修，就是在养生中把养身和修德结合起来，看得同等重要，同时修行，以德养身。有人说，《老子》八十一章五千言通篇都是讲养生的，如果从性命双修的角度来看的话，这种说法是有道理的。老子讲的清静无为，老子讲的冲和谦下，老子讲的善利万物，老子讲的有容乃大，老子讲的少私寡欲，老子讲的知足常乐等，这既是讲的道德和人格修养，同时也是对养生所提出的要求。所以，老子说：“修之于身，其德乃真；修之于家，其德乃余；修之于乡，其德乃长；修之于国，其德乃丰；修之于天下，其德乃普。”随着人格和道德水平的提高，其养生的水平也在相应提高。我国古代称长寿为“仁寿”，称老者为“德高年劭”，就是指健康长寿和修德水平相统一，就是说的人格对健康的影响。有的学者指出，以老子为代表的道家人格具有五个基本特点，即自然朴素、宁静自由、身心合一、和顺自然、人我合同。并进而指出，道家的人格特点是有利于健康和长寿的。

如何认识健康？健康究竟是什么？这的确是养生中的大问题。据文献报道：1948 年4 月7 日世界卫生组织（WHO）成立时，通过的《组织法》给健康的定义是：健康不仅是没有疾病和衰弱，而且是保持身体、心理和社会适应上的完好状态。只是到了20世纪80年代，才将道德修养纳入健康的范畴，并将健康的概念扩展为躯体健康、心理健康和道德健康，形成了全世界共同认可的健康新理念。这样看来，就更显得老子养生思想的远见和卓识。

顺其自然和性命双修是老子养生的指导思想，也是中华民族几千年养生的特点。中华民族传统的养生流派尽管繁多，养生的具体途径也差异很大，但其宗旨多以顺其自然和性命双修为依归。

4. 抱一守真，敛气培根，是养生的根本大法

老子认为，包括人在内的万事万物，得一则生，失一则亡。“昔之得一者，天得一以清，地得一以宁，神得一以灵，谷得一以盈，侯王得一以为天下正。”又说：“其致之也，天毋已清将恐裂，地毋已宁将恐发，神毋已灵将恐歇，谷毋已盈将恐竭，侯王毋已贵以高将恐蹶。”你看，不要说人，就是天地和神明如果失去了“一”，都会废弃和消亡。那么，“一”是什么呢？“一”就是道，“一”就是道在孕育万物时赋予它们的先天特质。具体到人赖以维持生命的“一”，就是统摄形神的真气。因此，老子反复强调，要抱一，为人处世要“抱一，为天下式”；养生要“载营魄抱一”。中国古代信奉老子的道教徒，大多修炼抱一功法，也都是源于这种对老子抱一思想的认可。

人生命中的“一”即真气既然这么重要，人一刻也不能离开它，离开它就要死亡。那么，如何保持和绵延人的真气呢？老子支出了两个高招，一个是敛气和守气，再一个是炼气和聚气。老子说：“多言数穷，不如守中。”又说：“治人事天莫若啬。”守中，就是坚守中气和冲和，守护生命之本。啬，就是收敛，不使真气外泄。关于炼气和培根，老子有一段非常高深和经典的话：“谷神不死，是谓玄牝。玄牝之门，是谓天地根。绵绵若存，用之不勤。”老子的这段话是最富有歧义的，到目前为止，也没有哪位学者敢说他的解释就是符合原意的。这段话的每个字都

令人产生无穷的遐想，又都捉摸不定，宛若天空的星辰。中国古代养生学中所创立的导引、服气、结精、胎息、丹田等，不管其理论还是具体操作，恐怕都和老子的这段话有关。笔者以为，不管对老子的这段话的理解有多大分歧，但老子这段话的确是讲养生的，并非常高明地指出，人体内只要保有绵绵若存的真气，人的生命之本只要不断得到呵护和加固，人就会永远充满生机和活力，生命之帆就会永张。

老子之所以这么强调抱一，还有另一个理论在支撑着它，那就是，老子认为抱一就是抱和，而和则是生命得以延续的最基本条件。老子说："万物负阴而抱阳，冲气以为和。"我们前面已经说到，老子认为万事万物（当然包括人的生命体）都是由相反相成的两个东西组成的，这两个相反相成的东西也可以叫作阴阳，只有在阴阳相互平衡的状态下，即处于和的状态下，事物才能生存和发展。这正如《黄帝内经》中说的"阴阳离决，精气乃绝"。一个和字，道出了宇宙的真谛。天地要和，国家要和，人与人要和，一己之身也要和。违和，就要生病；严重违和，就会危及生命。这也正是老子为何要发问"载营魄抱一，能无离乎"的原因。道家把善养生、修养极高的人称为真人，就是因为他们在抱一守真、敛气培根上有大功夫。

5. 清静虚无，弱志强骨，是养生的不二法门

老子认为，能否做到清静虚无，这既表示了对道的认识程度，也是一个人养生的要害。做不到清静虚无，养生就无从谈起。《老子》第十六章的一段话，为历代养生学家所重视，有人甚至认为它是最早具体讲究功法的文献。"致虚极，守静笃。万物并作，吾以观复。夫物芸芸，各复归其根。归根曰静，是谓复命。复命曰常，知常曰明。不知常，妄作，凶。知常容，容乃公，公乃王，王乃天，天乃道，道乃久，没身不殆。"经过这么一提示，我们再来细读这段文字，确有点像是在传授虚、静两大功法，并且是法理森严。

为什么要静呢？老子说得很清楚，静就是归根，静就是复命，静就是守常。只有静，才能够健康长寿，才能没身不殆。毫无疑问，人体的脏腑和血脉是永动不息的，但正因如此，人的内心和情绪更需要平静。老子已经看到这个问题，他认为静是动的主宰，“静为躁君”。现代科学已经证明，人只有在情绪平静平稳的情况下，血压才会正常，心率才会正常，各脏腑的功能才会正常，人的健康才有保障。张三丰在《道言浅近说》中指出：“心牵于事，火动于中。火动于中，必摇其精。心静则息自调，静久则心自定。死心以养气，息机以纯心。”这说的就是心静和养生的密切关系。老子提出的要像圣人那样“常无心”，像婴儿那样之未孩，实际上就是要人保持平静之心，以有利于养生。明陈继儒在《养生肤语》中所记关于“保身卫生”之术的四句偈语，很能说明心静和养生的关系。偈云：“自身有病自心知，身病还将心自医。心境静时身亦静，心生还是病生时。”据说道家的修炼，一生都在静心上下功夫。

现在再来说一下虚字。虚和静有密切联系，但还不完全是一回事。笔者以为，单从养生学的角度来看，虚怀若谷，看实如虚，有利于人的心态平静。心静之后，人的精神和血脉又虚空无碍，流畅自如，一尘不染。这正如有的学者指出：虚者，天之象也；虚则受而无所不容。无者，道之体也；无则大而无所不生。虚无则清静，清静则灵明，灵明则神圣，神圣则至矣极矣！

我们现在来探讨一下“弱其志”和“强其骨”在养生中的价值。关于柔弱我们上面已经谈到，老子认为柔弱是生命的最佳状态，人们要养生就必须“柔弱处上”。问题的关键是，如何才能达到并保持生命的柔弱状态呢？老子也曾这样发问：“专气致柔，能婴儿乎？”实际上，在老子的诘问中，已经蕴含了问题的答案。那就是，致柔要在“专”和“气”两个字上下功夫。所谓“专气”，应该是指无为无思、排除杂念、知雄守雌、气沉丹田，使柔顺祥和之气贯通全身，统摄形神，像婴儿一样永远葆含生机和天真，永远远离衰落和僵化。这里有一点需要辨明的是，老子所说的“弱其志”云云，不是弱化人的志向和理想，而是要减弱私欲、柔顺心气，使身心都处在柔弱与平和的境地上。我们只要考察一下由道家思想衍生出来的各种养生功法，无不追求身体的柔软效果，就会知道“柔弱处上”在养生中占有重要位置。关于“强其骨”的养生思想，也反映了老子的洞察和明智。因为就一般而言，老子是从不以“强”来赞美任何事物的，唯独说要“强其骨”。正是老子“强其骨”这一重要的补充，才使在整个以柔弱虚静为尚的道家养生实践活动中，也从不忽视强骨健身的一面。

6. 去奢去泰，保养有度，是养生的重要法宝

老子不反对正常的享受，但他反对纵欲，反对声色犬马，反对过度追求感官刺激，认为那样对身心都会带来损害。老子说：“五色令人目盲，五音令人耳聋，五味令人口爽，驰骋畋猎令人心发狂，难得之货令人行妨。”老子还严厉地表示，要“去甚，去奢，去泰”，即反对过分享乐，反对奢侈贪求，反对出格举止。

老子还对那种过分看重身体、过度进行保养的现象提出批评，并断言过度的养生是招灾之途。老子说：“出生入死。生之徒十有三，死之徒十有三，而民生生，动皆之于死地，亦十有三。夫何故？以其生生之厚。”所谓“生生之厚”，就是过度的保养，就是奢侈淫逸，就是养尊处优，就是脑满肠肥，就是好逸恶劳。情况是非常严重的，老子算了一笔账，说因过度保养而短命的人占死亡人数的三分之一。

7. 源远流长，洪波涌起，养生之道成大观

笔者年轻时有一个错误的判断，以为后来的道教与老子关系不大，无非是后人托先贤以自重，道教的很多教义和老子并不搭界。其实大谬不然。这是读书不多，见闻有限，尤其是对《老子》奥义理解不深的表现。现在笔者完全有根据地说，老子和道家、道教是三位一体，

道家和道教的主要思想皆本于《道德经》。换句话说，没有老子，就没有道家和道教。老子的思想，特别是老子的养生思想，对道家和道教产生了巨大的影响。大家知道，两千多年来，道教在养生方面做出了不懈的探索，道医已形成完整而庞大的体系，但道教的养生思想无论如何不断变化，养生方式无论如何不断翻新，举凡呼吸、导引、胎息、服气、服饵、炼精、坐忘、自然法、无为法、炼丹等，不一而足，这些统统都能从《老子》五千言中找到源头，真可谓万变不离其宗。不仅如此，老子的养生思想还影响了中医，影响了宫廷，影响了士大夫，并通过道观影响到民间。从某种意义上说，中华民族传统的养生思想主要是道家的养生思想。

老子的思想对中医产生了哪些影响呢？我们想举两个例子来说明。一个是中医的经典《黄帝内经》，一个是药王孙思邈。先说老子思想对《黄帝内经》的影响。需要说明的一点是，尽管学术界对《老子》和《黄帝内经》的具体成书年代还有争议，但《老子》比《黄帝内经》早出则已成定论。《黄帝内经》中的《素问》和《灵枢》各由八十一章组成，取道家的九九归一之义。《黄帝内经》在很多重大理论问题上，都吸收了《老子》的思想，如果把《老子》和《黄帝内经》对照来读，甚至可以说《黄帝内经》是老子思想在医学科学上的具体应用。《老子》哲学中的重要范畴和概念，诸如道德、阴阳、精气、一多、动静、虚实、寒热、生死、常妄等，无一不被《黄帝内经》借用和发挥。老子提出的“万物负阴而抱阳，冲气以为和”，成了《黄帝内经》的灵魂和精髓。大家知道，整个中医都在围绕着阴阳做文章，正如医者自家所言：“不辨阴阳，终生瞎忙。”老子的话虽不多，却揭示了阴阳的全部本质，一是阴阳的普遍性，万物不能逃脱；二是阴阳要平衡，以和为贵；三是如何维护阴阳平衡，主要靠的是冲气。《黄帝内经》中说：“夫四时阴阳者，万物之根本也。”“阴阳者，天地之道也，万物之纲纪，变化之父母，生杀之本始，神明之府也。治病必求于本。”又说：“自古通天者，生之本，本于阴阳。”又说：“阴阳匀平，以充其形，九候若一，命曰平人。…平人者不病。”“阴不胜其阳，则脉流薄疾，并乃狂；阳不胜其阴，则五藏气争，九窍不通。”（《黄帝内经·素问·生气通天论》）老子提出道法自然和顺其自然的思想，更是《黄帝内经》用来防病治病的基本原则。《黄帝内经》中说：“敬之者昌，慢之者亡，无道行私，必得天殃。”又说：“夫治民与自治，治彼与治此，治小与治大，治国与治家，未有逆而能治之也，夫惟顺而已矣!”《黄帝内经》对老子清静无为、淡泊养身的思想理解得也很透彻，明确提出只要做到“志闲而少欲、心安而不惧、形劳而不倦”和“恬淡虚无”，就可以防止外邪侵入而达到身心康健。在形神要抱一不离的认识上，《黄帝内经》和《老子》也是高度一致的。《黄帝内经》中说：“精气弛坏，荣泣卫除，故神去之而病不愈也。”又说：“其知道者，法于阴阳，和于术数，食饮有节，起居有常，不妄作劳，故能形与神俱，而尽终其天年。”（《黄帝内经·素问·上古天真论》）《老子》和《黄帝内经》相通之处当然还不止以上这些。《黄帝内经》是每个中医大夫终其一生都要研习的经典，老子对中医的影响由此可窥见一斑了。

现在说一下孙思邈。大家知道，孙思邈是唐代大医学家，是中国历史上和扁鹊齐名的药王，著有《千金要方》和《千金翼方》等医药经典，一生济人无数。唐太宗李世民称赞孙思邈是：“凿开径路，名魁大医，羽翼三圣，调合四时，降龙伏虎，拯衰救危，巍巍堂堂，百代之师。”孙思邈之所以会取得这么大的成就，对社会做出这么大的贡献，固然主要依靠自己的勤奋。但是，笔者以为，孙思邈的成就和他认真吸取老子的思想有很大关系。我们说孙思邈和老子有密切关系，主要有以下几个根据：①史籍记载孙思邈不仅喜读老子之书，还对《老子》作过注释。②孙思邈学习老子的养生之道，自己还亲自炼丹服饵。③孙思邈的著作《千金要方》和《千金翼方》，充满了道家思想。④孙思邈和老子一样，也富有传奇色彩。史书上记载他活了一百〇二岁，还有人考证他活了一百四十多岁。⑤孙思邈是著名的医药学家，也是修炼达到极高境界的道士。宋徽宗赵佶追封他为“妙应真人”，民间都称他为孙真人。通过《黄帝内经》和孙思邈这两个例子来看，老子对中医的影响是巨大和深远的。

我们再来看一下老子对道教养生术的影响。经过两千多年的发展，道教养生术已经成为一个庞大的体系，内容繁多，根据陈兵教授的研究总结，道教养生术包括以下十二大类：①炼神类：坐忘、心斋、守道、定观、存心、观心、守一。②气法类：行气、胎息、闭气、炼气、服气。③守窍类：守一、胎息、存神。④存思类：存思内景、存思外象。⑤内丹类：独修、合修、先命后性、先性后命、性命双修。⑥动功类：导引、按摩、叩齿、鸣天鼓、武术。⑦辟谷类：辟谷服气、辟谷饮水、辟谷服药。⑧服食类：草木药、金丹、符水。⑨摄养类：行止坐卧、生活起居、饮食、语言、情绪。⑩道医类：祝由、内治、外治、药物。⑪房中类：御女、采战、采补。⑫金丹类：无机药物金丹、混合药物金丹。笔者做过分析，以上这十二类道家养生术中，除房中类和金丹类外，其余十类都能从《老子》五千言中或多或少找到点影子。也就是说，中国的养生之术，是由老子汪洋一样的智慧之水灌溉成林的。

老子对中华民族养生文化的影响，还有一个非常重要的方面，那就是老子提出的“长生久视”的思想，引发了几千年中国人对长生不老的追求，并最终形成了神仙文化，成为整个中华民族文化的一道亮丽风景线。大家知道，在一定理论指导下，大规模的、持续不断的追求长生不死的行为，是中国文化独有的现象。这正如英国著名科学家李约瑟博士在《中国科学技术史》中所说：“道家思想从一开始就有长生不死的概念。而世界上其他国家没有这方面的例子，这种不死思想对科学具有难以估计的重要性。”《老子》中关于长生不老的思想，主要体现在以下几章：

谷神不死，是谓玄牝。玄牝之门，是谓天地根。绵绵若存，用之不勤。（六章）

天长地久。天地所以能长且久者，以其不自生，故能长生。是以圣人后其身而身先，外其身而身存。非以其无私邪？故能成其私。（七章）

不失其所者久，死而不亡者寿。（三十三章）

盖闻善摄生者，陆行不遇兕虎，入军不被甲兵。兕无所投其角，虎无所措其爪，兵无所容其刃。夫何故？以其无死地。（五十章）

天下有始，以为天下母。既得其母，以知其子，既知其子，复守其母，没身不殆。塞其兑，闭其门，终身不勤。（五十二章）

治人事天莫若啬。……有国之母，可以长久。是谓深根固柢，长生久视之道。（五十九章）

中国几千年对长生不老的追求，并由此生发的各式各样的养生、长生术，包括坐忘、辟谷、服气、内外丹等，都和以上这几段文字有关。

在这本小书里，笔者不想具体罗列过多的长生不老术，也不想对道家的养生之道和神仙文化作全面的总结和评价。对老子和道教长生不老思想的探索，笔者只想表达这样几点不成熟的看法：①生命诚可贵，生命是一切的一，追求健康长寿，甚至追求长生不老，这是人类的美好愿望，这没有什么见不得人的地方，无可厚非。②中国古代关于养生和长生不老之道的探索，对诸多科学和技术的发展都起到了促进作用。当然，从总体上说，也提高了人们的健康长寿水平。③道教

“顺则生人，逆则成仙”的思想和修炼，符合老子的思想，有深厚的学理和逻辑根据。如果你同意老子的“道生一，一生二，二生三，三生万物”这样一个大化衍生图，道教提出的“万物归三，三归二，二归一”，就不能说没有道理。④为什么那么多服丹石的人，不仅没有长寿，而且还导致暴亡？因为他们既违背了老子的顺其自然的原则，又违背了老子柔弱处上的原则。丹石者，坚强之物也，死之徒也，借之岂可自固。⑤人的寿命极限究竟是多少？这些问题都还没有最后的结论，我们应该允许探讨。

（三）

中华民族是一个勤劳、智慧的民族，也是一个热爱生命、爱护生命的民族。两千多年前的老子，以他那博大的爱心和不凡的才华，谱写了一曲响彻云霄的生命赞歌，喊出了亿万生灵要“长生久视”的心声和宏愿。在老子贵生重生、道法自然、性命双修、抱一守真、敛气培根、清静虚无、弱志强骨、保养有度等重要思想的引导下，中华民族形成的博大精深、富于实用的传统养生学，不仅为过去悠久岁月中的中华儿女提供了生命的呵护，还历久弥新，在今后的岁月中将继续发挥重大的养护作用。笔者还坚信，极富特色的中华养生学，也会越来越被全世界各国人民所接受、所应用、所喜欢，在为全人类的健康和长寿上发挥不可替代的作用。

我们现在的生活环境和生活条件，和老子所处的春秋时代已有很大的不同。但老子的养生思想却不仅没有过时，反而更显得有针对性。特别是当代有关社会心理和社会行为的疾病，更需要老子的长寿之药去医，更需要老子的九天之针去刺。老子在养生中为何推崇顺其自然？那是因为人类不仅是大自然之子，而且大自然是人类永远不能离开其怀抱的母亲。老子说“我独异于人，而贵食母”，这句话很费解。笔者认为，老子这句话的大意是：我和一般人不一样，我无所杂食，只食母乳。看一看我们现代的生活方式，是否有值得注意的地方。有很多人的生活状况是：住在有空调的房间里，不停地拨打着手机，享受着反季节的水果，吃着肉食鸡和速成鸭等美味，出门则有车代步……我们不否认技术进步给生活带来的便利，但如果不加节制，失去了和大自然亲近的一切机会，会对身心带来极大的伤害，则是毫无疑问的。人类在几百万年的进化发展中，已经和大自然紧紧地打成一片，水乳交融，浑然一体，难割难分。现在，深深影响人们日常生活的一些先进技术，都是近三百多年来发明创造的。如果用几百年中发现的一些科学技术，去割断和屏障几百万年人与自然的有机联系，如果其速度又过急过快的话，其负面效应势必难免。这就要求我们在日常生活中，多学习一点老子的顺其自然和“贵食母”的养生之道，不违背自然规律，多和大自然接触，多从大自然中吸取营养和能量。

老子提出的性命双修、少私寡欲、清静虚无、知足常乐等养生思想，对我们现代人的健康生活更是富有教益。一直以来人们有一个不正确的观念，总以为提高自己的道德水平对他人和社会有好处，主要是做给别人看的，这样一来有时道德的说教就显得无力。其实不是这样，一个人提高道德和情操，有一个清静和善良的心，受益最大的首先是自己。古语说得好：“德润身。”美德如玉，首先润己，然后才是悦人。高尚的情操和达观的生活态度，是健康和长寿之本，这是为无数事实所证明的真理。现在虽然不好说是物欲横流，但可欲之事增多、人心更加焦躁确是实际情况。欲望多、心理不平衡、压力大，久而久之产生抑郁症和各种器质性病变，这已经成为一种比较普遍的现象。只要稍微接受一些老子的思想，你就会觉得天这么蓝，海这么阔，空气这么清新，精神这么愉悦，身体这么有力量。

老子提出的不要无节制地享受和不要过度保养，以及治病以预防为先的思想，对我们来说也都是金玉良言。老子当年批评的“五色”、“五音”和“五味”，现在恐怕都发展到十色、十音和十味了。享受和刺激是没有止境的，但获取多少才有利而无害，恐怕都要很好地掂量掂量。否则，拿钱买来的只是无限的伤害和追悔。即使吃喝，也不能过量呀！我们现代人的所谓“三高”（高血压、高血脂、高血糖）富贵病，其主要原因不都是吃喝出来的吗？江海无量，鼠肚有限。就是不花钱的饭，也不能胡吃海喝。再说到过度保养，这个问题也十分严重。动不动就吃补品，动不动就吃药打针。天知道，有多少病是吃补品吃出来的。动物和植物，都只有经风雨、见世面、顶烈日、冒严寒，才能够强健不衰、生机盎然。

老子提出的养生术，是有益身心健康的，至于如何借鉴和应用，则要因人而异。现代人大多数喜欢用剧烈的活动来锻炼身体，如从事跑步、爬山、打球和游泳等体育运动，这当然也是很好的养生之道。但笔者以为，最好的养生之道，恐怕还是动静有度、动静结合、以静制动为上。其实，老子的所谓虚静之功，其最终目的却是为了让人的体能更好地流动起来，即以静养动、以静带动、动静有常、动静平衡，从而促进身心康泰。

近几年，有一位叫洪昭光的大夫，竭力宣讲正确的生活理念和方式，大谈健康长寿之道，后又出书以弘其道。洪氏认为：只要观念方法得当，人应该可以活到一百二十岁；许多人不是死于疾病，而是死于无知；最好的医生是自己，良好的心态比一切灵丹妙药都管用；助人为乐、知足常乐、自得其乐和夫妻恩爱是健康长寿的法宝；合理膳食、适量运动、戒烟限酒和心理平衡是健康长寿的四块基石。洪氏的这些观点和说教，深为广大听众和读者所认同，且按其指示而践行者亦为数不少。我们拿洪昭光大夫的养生之道和老子的养生之道相比较，就可以看出它们是一脉相承的，很多基本观点都是一致的。这种事情也再一次说明，老子的养生之道是没有过时的，是久而弥新的，是超越时空的。

大道永存，天地不老，愿我们每个人都能从老子的思想中领悟到正确的养生之道，颐养天年，同登寿域。

第十一章
桃花源里可耕田

老子描绘的人人平等、丰衣足食、和睦相处的理想社会，千百年来成为人们向往和追求的乐土。那可望而不可即的世外桃源，在每个人的心中，更在每个人的梦中。

（一）

有些研究者认为，中国古代最早的乌托邦和大同思想，其萌芽可以追溯到西周时代。人们得出这样的结论，主要因为《诗经》里有对“乐土”的赞美和向往。我们现在来看一下《魏风·硕鼠》这首著名的诗篇：

硕鼠硕鼠，无食我黍！三岁贯女，莫我肯顾。逝将去女，适彼乐土。乐土乐土，爰得我所。

硕鼠硕鼠，无食我麦！三岁贯女，莫我肯德。逝将去女，适彼乐国。乐国乐国，爰得我直。

硕鼠硕鼠，无食我苗！三岁贯女，莫我肯劳。逝将去女，适彼乐郊。乐郊乐郊，谁之永号！

我们现在虽然谁也搞不清楚“乐土”“乐国”“乐郊”到底是什么样子，但有一点可以肯定，那里起码没有“硕鼠”，没有剥削和压迫，劳动果实是自己能够享用的。以此而论，说《诗经》中的“乐土”就是中国人最早的“理想国”和乌托邦，也未尝不可。

真正为中国人描绘出大同世界蓝图的是孔子，《礼记·礼运》说：“孔子曰：大道之行也，与三代之英，丘未之逮也，而有志焉。大道之行也，天下为公，选贤与能，讲信修睦。故人不独亲其亲，不独子其子；使老有所终，壮有所用，幼有所长；矜、寡、孤、独、废、疾者皆有所养；男有分，女有归。货，恶其弃于地也，不必藏于己；力，恶其不出于身也，不必为己。是故谋闭而不兴，盗窃乱贼而不作，故外户而不闭。是谓大同。”

以上孔子提出的所谓大同世界，它的主要特点是什么呢？我想主要包括以下几个方面：①天下为公，没有私产，人人各尽所能，为社会劳动。②社会福利为大家共享，即使残疾之人也有所保障。③民主政治，社会交给有道德和有才能的人管理。④没有私心，没有欺诈，人人以诚相待，和睦相处。⑤没有战争，没有暴力，社会安定，一派太平景象。《礼记·礼运》所描绘的大同世界，对中国的历史和文化产生了深远的影响，一直到洪秀全、康有为、谭嗣同和孙中山、毛泽东，他们都或多或少地受到过大同思想的熏陶。

我们先说洪秀全。洪秀全不仅有大同思想，他还想通过武装起义来建设一个“天下一家，共享太平”的理想世界。洪秀全在《原道醒世训》中说：“天下多男人，尽是兄弟之辈；天下多女子，尽是姊妹之群。何得存此疆彼界之私，何可起尔吞我并之念？”《天朝田亩制度》是洪秀全的政治宣言书，他的大同思想和理想都体现在这里面。《天朝田亩制度》的主要设想是：①天下为公，平均分配土地，不论男女，各有一份。还具体提出了地分九等、好坏搭配的分配方案。②人无私财，除基本需求外，一切多余的收入均交归圣库。③实行“通天下皆一式”的平均主义供给制度，遇有婚丧弥月等开支则由圣库统一拨付，且有定量。④国家对弱势群体提供保障，“鳏寡孤独废疾免役，皆颁国库以养”。⑤建立军政合一的社会管理机构。每一万三千一百五十六家由一军帅统管，在军帅下逐级设师帅、旅帅等；每二十五家居民为一“两”，由一个“两”司马负责管理生产、分配、教育、军事等事务。⑥男耕女织，自给自足，没有城市，不要商业。⑦男女平等，禁止买卖婚姻，禁止缠足，禁止娼妓，禁止私蓄奴婢，妇女可以参军和参加科考。其总目标是实现“务使天下共享天父上主皇上帝大福，有田同耕，有饭同吃，有衣同穿，有钱同使，无处不均匀，无人不饱暖”的大同理想社会。

我们再说康有为。康有为是中国近代的风云人物，他不仅领导了著名的戊戌变法，还写出了奇绝千古的《大同书》。据说康有为从二十几岁时就产生了大同思想，并开始“手定大同之制”，一开始书的名字叫《万国公理》，经过前后二十多年的修改、完善，于1905年四十七岁时最终写就《大同书》。康有为写出《大同书》，却秘不示人，只给少数几个得意弟子讲解。康有为认为，大同世界虽好，但当时的国情还不允许，如过早地散布他的大同理想，只能引起人们的思想混乱，“言则陷天下于洪水猛兽”。康有为《大同书》中的理想世界主要包括以下特点：①大地合一，没有国家、民族，全世界只设一个“公政府”。各国则改为州郡，设小政府，实行地方民主自治。无论是公政府还是小政府，其组成人员都由民主推举。②没有剥削、压迫，人人平等、自由，相亲相爱，四海之内皆兄弟。亦没有军队、战争和刑狱，只有少量警察负责公共秩序。③破除宗法，消灭家庭，人人独立为“天民”，无牵无挂。男欢女爱，可以同居，但不得结为夫妻，男女合约当有期限。同居生下孩子，交由政府开办的幼儿园、学校培养教育。④财产公有，完全取缔私营产业，消灭私有财产，使大同理想社会建立在纯而又纯的公有经济基础上。

“今欲致大同，必去人之私产而后可。凡农工商之业，必归之公”。⑤社会生产力和科学技术高度发达，人的劳动时间大大减少，每天劳作两三个小时即可，其余时间用来读书和娱乐。人们普遍受过高等教育，有很高的文化素养和道德品质，人与人之间以礼相待，社会风气淳朴而文明。社会鼓励科学探索，重奖在科学技术上有新发现、新发明的“智人”。⑥人们锦衣玉食，生活达到尽善尽美。服饰不仅时尚新奇，而且能“藏热反光”“却寒纳凉”；饮食不仅营养丰富、美味可口，而且“以机器为鸟兽之形而传递饮食之器”，“音乐交作…用以侑食”，真正成了钟鸣鼎食之家；居住的环境是“花草虫鱼，点缀幽雅”，房屋则“腾天驾空”“云窗雾栏”“贝阙珠宫、玉楼瑶店”，豪华至极；交通也极为便利，“水有自行之舟，陆有自行之车”，“铁轨屋车之密有如蛛网，轮舟汽球之行有若抛梭”。人尽天年之后，死亦不必悲伤，人死后行火葬，火葬场和化肥厂比邻而建，骨灰即转化为肥料。毛泽东主席指出：“康有为写了《大同书》，他没有也不可能找到一条到达大同的路。”（《毛泽东选集》）但康有为本人并不这样认为，他认为自己不仅详细地描绘出大同世界的蓝图，也找到了实现大同理想的光明之路，那就是“去九界”。康有为说，“总诸苦之根源，皆因九界而已”；“救苦之道，即在破除九界”。那么，影响人类实现美好大同理想的“九界”究竟是什么呢？这“九界”就是：国界、级界、种界、形界、家界、产界、乱界、类界和苦界。九界既除，天下大同。

对美好理想社会的向往和追求，不独在东方，不独在中国，在西方也同样是源远流长的。古希腊大哲学家柏拉图所勾画的“理想国”，就是人类空想社会主义思想的重要滥觞之一。柏拉图“理想国”最主要的内容，都是由“至善”这一概念推导而来的，它具有一定的逻辑联系。柏拉图还认为，要把“理想国”变为现实，最关键的是培养和推举“哲学王”，即由具备哲学素养的国王来管理国家。没有“哲学王”的出现，不是由“哲学王”来管理国家，“理想国”就永远只是空谈。柏拉图一生的大部分精力，就是用来寻找和扶植所谓的“哲学王”。柏拉图的“理想国”，其公民由三个等级组成（奴隶除外），第一个等级是立法者和监护者，即国家的统治者，他们是用金做成的；第二个等级是卫士，即国家的保卫者或辅助者，他们是用银做成的；第三个等级是农民和手工业者，他们是用铜和铁做成的，只能处在社会最下层，从事繁重的体力劳动。这三个等级的人各有不同的天赋，各有不同的品德，各有不同的职能，如果他们都能够各尽其性，各守其责，各安其分，就是实现了“公正”，也就是达到了社会的和谐。“理想国”也是主张天下为公，任何人都不得有私有财产。公民们住共同的房屋，吃共同的伙食，婚姻和生儿育女也由国家统一安排。男女之间不存在恋爱关系，也不存在固定的婚姻关系，性关系也主要是为了种族的繁衍。男女的婚配按国家规定的节期举行，采用抽签的办法，争取使最好的男人和最好的女人尽可能多地结合在一起，反之，要尽量少结合。最好者的下一代由国家精心养育，最坏者的下一代则弃之不顾。为了优生，对男女的生育年龄也做出了严格规定：女人应该从二十岁到四十岁为国家抚养儿女，男人则应当从过了跑步速度最快的年龄到五十五岁。男女如果过了生育年龄，可以和同辈的异性同居，但不得生育孩子。为了推行“理想国”，柏拉图曾先后三次过海去西西里岛，但都是无功而返，还险些丢掉性命。

说到西方的空想社会主义思想，不能不介绍一下“乌托邦”。所谓“乌托邦”，最早见于 16 世纪英国思想家托马斯·莫尔所著《关于最完全的国家制度和乌托邦新岛的既有利益又有趣的金书》，后人多将此书简称为《乌托邦》。在《乌托邦》一书中，莫尔首次用“羊吃人”来深刻揭露当时英国社会的种种弊端和“圈地运动”，并通过一位海外游人拉斐尔·希斯拉德之口，描绘出一个人人向往的人间仙境“乌托邦”。“乌托邦”的原词来自两个希腊语的词根，“ou”是“没有”的意思（一说是“美好”的意思），“topos”是“地方”的意思，合在一起时即为“乌有之乡”或“美好之乡”。这很接近我们中国文化中的“世外桃源”或“人间仙境”。几百年来，“乌托邦”已经成为人们对空想社会主义和梦幻理想的代名词。莫尔在《乌托邦》一书中，将自己对人类美好国家制度的憧憬全部投射在他所遐想的乌托邦岛上。他系统生动地为我们描述了理想社会乌托邦的环境、国家、政治、经济、科学文化、生活、宗教和外交等各方面情况。

首先，莫尔心目中的乌托邦环境优美，可比仙境。“乌托邦岛像一叶小舟，静静地停泊在无边的海洋上。远远看去，就像一座海市蜃楼，虚无缥缈中透出神秘的气息。全岛呈新月状，中部最宽，达二百英里。事实上，全岛大部分都是这样的宽度，只是两头逐步变窄。小岛从一头到另一头大概有五百英里，两角之间还有一个长约十一英里的海峡，海峡外面是一片汪洋。由于海湾四周被陆地环绕，几乎不受狂风的侵袭，海湾内少了几分波涛汹涌，显得一片宁静。整个海湾更像一个巨大的湖泊或者说是一面镜子，清澈明净，倒映着蓝天白云，微风过处荡起层层涟漪。”在政治方面，乌托邦政治制度的基本特征是民主，即全体乌托邦公民当家做主。乌托邦重视法制建设，每个公民都能用法律来保护自己的利益和权利。在经济方面，乌托邦实行财产公有，农业在整个经济结构中处于基础地位。乌托邦要求每个公民，在一生中都要到农村劳动几年。乌托邦取消货币，视金银财宝为粪土。为了表示对金银等奢侈品的鄙视，他们用金银做马桶。在科学文化方面，乌托邦注重提高全体公民的科学文化水平，将人们心智的发展作为一个重要的目标。不论男女，每天都要有阅读时间，而且要终生坚持。在社会生活方面，乌托邦人过着健康向上的生活，相互间平等、互助、融洽、友爱。大家主要在公共食堂吃饭，但也不限制个人从市场买回少量零食。乌托邦实行一夫一妻制，保护家庭的稳定，非遇有通奸等特殊情况，国家不允许离婚。在宗教信仰方面，乌托邦提倡宗教信仰自由。乌托邦人不等待死亡，也不惧怕死亡，认为人生的目标应该是追求快乐和幸福。乌托邦也有少量武装力量，每个公民在固定的时间要参加军训，但这主要是为了自卫，乌托邦绝不向他国发起战争。

在柏拉图和莫尔思想的影响下，近代西方更是出现了一大批空想社会主义思想家，诸如摩莱里、圣西门、傅立叶、欧文、魏特林等，因限于篇幅，在此就不一一介绍了。

（二）

我们前面已经说过，古今中外的很多思想家，都为人类描绘过美好的理想社会，或大同世界，或理想国，或乌托邦。那么，作为最关心人们生存状况的思想家老子，他是如何给我们描绘理想社会的美好蓝图的呢？应该说，《老子》一书中，随处都有对美好生活状态的吁请和提示，五千言就是老子实现理想社会的宣言书。其中，《老子》第八十章则是老子对理想社会的集中描绘。通过这段凝练优美的文字，一个安宁舒适、冰清玉洁、美妙至极的理想世界，鲜活生动地展现在人们的面前：

> 小国寡民，使有什伯之器而不用，使民重死而不远徙。
>
> 虽有舟舆，无所乘之；虽有甲兵，无所陈之，使民复结绳而用之。甘其食，美其服，安其居，乐其俗。邻国相望，鸡犬之声相闻，民至老死不相往来。

以上这段文字并不深奥，对它的主要意蕴历来注家也没有大的分歧，即它表达的是老子心目中的理想社会。但仔细推敲起来，对这一章的个别词语，也还是见仁见智。先说“小国寡民”。毫无疑问，小国寡民就是指国土狭小、人民稀少。但结合下文的“使有什伯之器而不用，使民重死而不远徙”的句式和语境来看，“小国寡民”是对理想社会的描述，还是对理想社会的设计？即这里的“小”和“寡”究竟是形容词，还是动词，不好定夺。笔者认为，不管是将“小国寡民”理解为“国家要小，人民要少”也好，还是理解为“小其国，寡其民”也好，都无关宏旨。要之，老子理想中的社会就是“国土狭小，人民稀少”，人们生活在自然古朴的村落里。再说“什伯之器”。究竟什么是“什伯之器”呢？第一种理解为各式各样的器具；第二种理解为兵器；第三种理解为十倍百倍地提高劳动效率的新工具。笔者以为，第三种理解比较确当，即“什伯之器”是指新工具。理由是，如果按照第一种理解，那就是反对使用一切日用器具，老子没有这么傻，这实际上是不可能的。如果按照第二种理解，那就与下文的“虽有甲兵，无所陈之”云云完全重复，也似不妥。还有，“使民复结绳而用之”究竟是指什么？多数研究者认为，是指不要文字，倒退到远古的结绳记事。笔者以为不然，这句话和要不要文字没有关系。结绳是相对书契而言的，这里是指两种不同的政治制度。结绳而治，即无为而治，民风厚朴，和睦相处。书契时代，是指法令滋彰，讼狱不断。大家只要看一下《周易·系辞》中的这几句话，就会非常清楚：“上古结绳而治，后世圣人易之以书契，百官以治，万民以察，盖取诸《夬》。”就是对“甘其食，美其服，安其居，乐其俗”这几句比较浅显的话，也还是有些不同的理解。有的认为，就是要吃得好、穿得好、住得好。有的则认为，“甘”“美”“安”“乐”只是主观感受，要安于现状，对现实生活的衣食住行和制度都感到满足。笔者以为，正确的解释应该是客观条件和主观感受的统一。即在能满足暖饱和有居住条件的情况下，欢乐而幸福地生活。蒋锡昌《老子校诂》解释得好：“甘其食，言食不必五味，苟饱即甘也；美其服，言服不必文采，苟暖即美也；安其居，言居不必大厦，苟蔽风雨即安也；乐其俗，言俗不必奢华，苟能淳朴即乐也。”

现在，我们用现代人的语言，来转述一下老子“小国寡民”的理想社会：小小的邦国，少少的人民，就像一个和睦的大家庭。虽然能够制造和拥有各式各样的先进器具，但也用不着使用它，男耕女织，即能自给自足；老百姓都珍重自己的生命，不愿冒险去远迁；也有车辆，也有船只，大家生活悠闲，安步当车，也用不着去乘坐它；也有武器，也有卫士，我们的邦国爱和平，这些都派不上用场；无为而治，没有狱讼，老百姓用不着学习法令，恢复到上古结绳而治也未尝不可。人民天天都觉得吃的是美味，对穿戴的衣服也十分喜欢，居住的房屋舒适而清洁，对邦国的风尚和习俗更是乐然。我们与他国比邻而居，那鸡鸣狗吠都能够听得清清楚楚，大家都相安无事，从不相互打扰，更没有人想离开自己美好的家园。

那么，老子究竟提出了哪些可以实现理想社会的治国方略呢？第一，要无为而治。无为无不为，顺其自然，是老子对待一切事物的态度，当然也是治国保民的良方。老子提出，最好的政府是老百姓感觉不到它的存在，仅仅知道有一君主的名目而已，“太上，下知有之”，“功成事遂，百姓皆谓我自然”。“其政闷闷，其民淳淳”，就是说政府只要宽容无事，老百姓就会淳厚质朴，人心向善。老子下面这段话，把他无为而治的思想表达得淋漓尽致：“天下多忌讳，而民弥贫；民多利器，国家滋昏；人多伎巧，奇物滋起；法令滋彰，盗贼多有。故圣人云：我无为而民自化，我好静而民自正，我无事而民自富，我无欲而民自朴。”第二，治国要反对剥削和压迫，要遏制少数人的胡作非为。老子反对横征暴敛，反对国家财富集聚在少数人手中。他说：“朝甚除，田甚芜，仓甚虚。服文采，带利剑，厌饮食，财货有余。是谓盗夸。非道也哉！”这话说得好，搜刮老百姓实际上就是强盗。老子还一针见血地指出，老百姓之所以生活困难，老百姓之所以难以管理，老百姓之所以敢于冒死来反对政府，就是因为统治者和豪强贪得无厌，就是因为他们对老百姓的无情盘剥，从而把老百姓逼上绝路。老子说得好：“民之饥，以其上食税之多，是以饥。民之难治，以其上之有为，是以难治。民之轻死，以其求生之厚，是以轻死。”老子还警告统治者，光靠镇压是没有用的，“民不畏死，奈何以死惧之！”第三，治国要均贫富，要损有余以补不足。老子认为，天道就是损有余以补不足，高者抑之，下者举之，国家也应该这样，要以富济贫，平衡各方。老子说：“天之道，其犹张弓与？高者抑之，下者举之；有余者损之，不足者补之。天之道，损有余而补不足。人之道则不然，损不足以奉有余。孰能有余以奉天下？唯有道者。”第四，反对兼并和战争，实行友好外交，是国家安宁之本。老子为什么向往小国寡民，这是针对春秋时代相互兼并、弱肉强食、大国争霸的现实而发的。如果每个国家都很弱小，都很善良，就不会有战争和兼并，就不会使生灵涂炭、民不聊生。老子一贯反对战争，指责兵者是不祥之器。老子主张友好外交，“大邦以下小邦，则取小邦；小邦以下大邦，则取于大邦”，即大国和小国都要相互尊重，和睦相处。老子认为，只有坚定不移地做到以上四个方面，才有可能实现小国寡民的理想社会。

老子提出的损有余补不足的均平思想，老子描绘的小国寡民的理想社会，对中国的思想、政治和文化都产生了极其深远的影响。但有些情况，恐怕是连老子本人都未曾预料到的。老子一生都在倡导为而不害、利而不争，反对暴力，厌恶战争，凡事都以谦卑为上。但是，不可思议的是，中国两千多年的农民起义，大都以道家的身份出现，大都以老子的均平思想做旗帜；以阐发老子思想为旨归的道教经典《太平经》，也成为历代农民起义者的思想武器。从汉代的张角、张鲁，到唐代的王仙芝、黄巢，再到宋代的王小波、李顺，这些农民起义的领袖，无一不打起老子平均主义的旗帜，有的还自称“天补平均大将军”，直接从老子的话里找词句，以建立无剥削、无压迫、人人平等的社会为号召，来进行自己的革命活动。当然，这些人的是非功过，那是另当别论的。有时，笔者真想写一篇《老子与中国古代农民起义》的文章，但又恐亵渎先贤，因为老子毕竟是最反对争斗的。由此使我再一次想到，对于经典的理解和应用，无论出现多大的偏差，人们都应该有思想准备。不过，使我们感到欣慰的是，老子小国寡民理想社会对后世的影响，其主导的方面还是美好和温馨的，是引起无数人热情向往的，仅陶渊明的《桃花源记》就已经足够了。

如果说小国寡民的理想社会，老子只是从政治和哲理的角度进行勾勒的话，那么，陶渊明的《桃花源记》，则是凭借着天才想象，凭借着生花妙笔，为我们再现了小国寡民的无限风光。小国寡民就是桃花源，桃花源就是小国寡民；小国寡民就是中国的乌托邦，中国的乌托邦就是世外桃源——这些，已经自觉不自觉地成为中国人的集体记忆。中国人可能有的不知道小国寡民，但多数人都知道世外桃源。老子如果在天有灵，他不一定赞同后人打着他的旗号揭竿而起，但他一定会对陶渊明深表谢意，一定会因为《桃花源记》惟妙惟肖地继承了他的思想而感到欣慰。

现在我们全文抄录一下《桃花源记》，再一次共同欣赏这绝妙的篇章，我想大家都不会感到文字的冗长：

> 晋太元中，武陵人捕鱼为业。缘溪行，忘路之远近。忽逢桃花林，夹岸数百步，中无杂树，芳草鲜美，落英缤纷。渔人甚异之。复前行，欲穷其林。
>
> 林尽水源，便得一山。山有小口，仿佛若有光。便舍船，从口入。初极狭，才通人；复行数十步，豁然开朗。土地平旷，屋舍俨然，有良田美池桑竹之属；阡陌交通，鸡犬相闻。其中往来种作，

男女衣着，悉如外人。黄发垂髫，并怡然自乐。

见渔人，乃大惊，问所从来，具答之。便要还家，设酒杀鸡作食。村中闻有此人，咸来问讯。自云先世避秦时乱，率妻子邑人，来此绝境，不复出焉，遂与外人间隔。问今是何世，乃不知有汉，无论魏晋。此人一一为具言所闻，皆叹惋。余人各复延至其家，皆出酒食。停数日，辞去。此中人语云：“不足为外人道也。”

既出，得其船，便扶向路，处处志之。及郡下，诣太守，说如此。太守即遣人随其往，寻向所志，遂迷，不复得路。

南阳刘子骥，高尚士也，闻之，欣然规往。未果，寻病终。后遂无问津者。

笔者现在如果来向读者讲解《桃花源记》，那可能是一件出力不讨好的事。因为你无论如何讲解和评论，都难以表达《桃花源记》的美妙和奇异，都不能反映它浑然一体的意境和意蕴，都不能转达它处子般的天真和美好……要理解《桃花源记》，要感悟它的诗情和画意，最好的办法是独自诵读、反复吟哦。笔者在此要说的是，《桃花源记》几乎承载了老子思想的精髓和“小国寡民”的全部元素，《桃花源记》是“小国寡民”的艺术版。现在，我们就来分析梳理一下《桃花源记》和老子“小国寡民”的五个相通之处：

1. 忘机弃巧，高歌返朴归真

老子思想的精髓就是崇尚无为，屏弃机巧，倡导返朴归真，小国寡民可以说就是一幅人类全方位返朴归真的画卷。那么，《桃花源记》呢？它不仅描绘出人类返朴归真后的生活画卷，还在经意和不经意之间点出：如果不忘机弃巧，世间就根本不存在美妙的桃花源。“缘溪行，忘路之远近。忽逢桃花林……”你看，只有在忘路的情况下，才偶然发现了桃花源。当然这里的忘路是隐喻，它实指忘掉世俗的羁绊。“太守即遣人随其往，寻向所志，遂迷，不复得路”，你看，在有向导和人为标志的情况下，反而迷路了，反而找不到桃花源了。这个“迷”字用得好，一切人为都是通往大道的痴迷和障碍。还有的学者在研究《老子》和《桃花源记》时，运用人类学的理论和知识，认为在人类的东西方文化中，水、鱼、溪谷、山谷、洞穴等概念都有女阴的象征意义，老子和陶渊明的返朴归真，实际上就是向母腹和子宫的返归，那里是最安全和舒适的地方，这并不是出于政治上对母系社会的留恋向往，更深层的原因在于化为集体无意识的母神原型的作用。此也备一说。

2. 鸡犬相闻，桃花源在福地洞天

老子的小国寡民和陶渊明的世外桃源，都是土地小、人口少，自给自足，无惊无扰，过着与外界隔绝的日子。小国寡民是“邻国相望，鸡犬之声相闻，民至老死不相往来”。桃花源中人，更是与世隔绝，别有洞天，“自云先世避秦时乱，率妻子邑人，来此绝境，不复出焉，遂与外人间隔。问今是何世，乃不知有汉，无论魏晋”。人类的理想国为什么都是与世隔绝、别有洞天，我想这不仅只是从地理和生活状态上来讲的，它也向人们揭示：不和现实的生活划清界限，就不可能建立起真正意义上的世外桃源。这个世界虽然封闭保守，但景象安逸恬淡，是理想的乐园。

3. 不慕新奇，古风吹遍田野河山

老子的小国寡民和陶渊明的世外桃源，都不追求新奇，不急功近利，不攀奢比富，一派天然，一派淳厚，一派古风。老子不主张用新奇和功能更大的器械，连船只车辆也派不上用场，甚至可以像上古时代一样结绳记事。陶渊明的桃花源里，既没有宫室台榭，也没有奇技淫巧，更没有难得之货，有的只是天然的“良田、美池、桑竹之属”，有的只是“阡陌交通，鸡犬相闻”。

4. 甘食美服，其乐融融似神仙

小国寡民也好，桃花源中也好，他们虽然男耕女织，不竞富贵，不求豪华，但有吃有喝，冬暖夏凉，生活殷实，精神和乐。小国寡民是甘其食、美其服、安其居、乐其俗，从物质到精神都是令人满意的，生活没有丝毫的不便和缺憾。桃花源中人，他们的生活环境很好，不仅芳草鲜美，落英缤纷，而且土地平阔，房舍整洁。他们“男女衣着，悉如外人”，古朴别致的服饰，看起来非常好看。桃花源中，不管是男女，还是老少，都欢欢乐乐，对生活充满了希望和自信：“黄发垂髫，并怡然自乐。”他们碰到外地客人，家家都能拿酒肉来招待，表明他们平时的生活也不会差，“余人各复延至其家，皆出酒食”。

5. 无灾无难，相亲相爱享天年

小国寡民里没有战争、没有剥削、没有压迫，“虽有甲兵，无所陈之”。桃花源中人，也是无灾无难，人人相亲相爱，怡然自乐。你看，外面来的不相识的客人，他们都能家家“设酒杀鸡作食”，热情招待。他们平时人与人之间的相互关系，当然也会非常融洽和谐，亲如一家。这里再说明一点，小国寡民和桃花源里，都反复提到鸡犬之声相闻。那时的社会主要是农业文明，鸡犬之声相闻，既说明富足，也表明社会的安宁，还昭示着生活的欢乐与祥和。老子是重养生和倡导长生久视的，想必小国寡民和桃花源里人，不仅生活得幸福和欢乐，也大都会长寿而尽享天年吧！

（三）

有位哲人说，人生有三个目标：一个是当前要做的事，即短期目标；再一个是长期目标，有时需要毕生努力；第三个是可望而不可即的目标，即使毕生努力也实现不了。前两个目标固然重要，第三个目标也不是可有可无的。这大概就是人之所以为人的缘故吧！老子的小国寡民，和在老子思想影响下产生的《桃花源记》，就为我们描绘了一个可望而不可即的目标，就成了千百年来很多人的梦想和企盼。

《桃花源记》诞生后，不仅引起了无数人对世外桃源的向往，也引起了很多学者对《桃花源记》的探索和考证。有研究陶渊明与老庄关系的，如朱熹就说："渊明所说者庄老。"（《朱子语类》）有研究桃花源故事流变的，并引证《异苑》《搜神后记》《武陵记》《述异记》等大量文献作参考。也有从神仙学方面进行论说的，也有从地理和民族学方面证明的，不一而足。这些我们就不去管它了。但是有一种情况需要辨析一下，那就是有一些学者企图考证出桃花源究竟在哪里？这种寻找从唐朝时就已经开始了。如王维的《桃源行》："春来遍是桃花水，不辨仙源何处寻。"再如刘禹锡《桃源行》："仙家一出寻无踪，至今水流山重重。"康骈称"鼎州桃花观即是其处"。明朝的吴宽在《瓠翁家藏集》中说："实在武陵境内。"杜维耀《桃源洞说》谓桃园洞去桃源县邑治三十里。陈寅恪先生则认为："真实之桃花源在北方之弘农，或上洛，而不在南方之武陵。"现在也有说桃花源在庐山附近的，也有说在安徽歙县的，还有说在山东或四川的，莫衷一是。真庆幸学者们没有一个定论，如果真的确定了哪个地方就是《桃花源记》中的桃花源，那才叫大煞风景。桃花源是中国的乌托邦，乌托邦就是美好而又不存在的地方；桃花源是中国人的一个梦，是中国千百年来的美梦；桃花源只能在世外，她不可能被确指；桃花源又无处不在，她在大江南北，她在长城内外……

中华民族是一个富于理想的民族，中华民族对未来充满着无限的憧憬和期望。如果说起全世界的乌托邦思想，那中国要算是丰富而又源远流长的。但仔细分析中国古代的乌托邦思想，其又是由两个稍有差异的不同流派逐渐融合而成的。一个就是由孔子或说儒家提出的大同理想，另一个就是由老子或说道家提出的小国寡民及后来的世外桃源。它们的共同点是主要的，即都是要实现一个人人平等、相亲相爱、丰衣足食、生活美好的理想社会。它们之间也有差异，儒家的大同思想似乎更强调一大二公，而道家的理想社会则是一小二平。儒家的大同理想更容易引起政治家的兴奋，而道家的小国寡民则更容易成为士大夫的精神寄托。当然，儒道两家的乌托邦早已融合为一体了，并通过多种渠道传布到民间，使每个中华儿女在尊重现实生活的同时，都还朦朦胧胧地有一种神秘的希望和等待。如果分析中国没有形成强大宗教的原因，这横贯古今的大同之梦和千百万人心中的桃花源，恐怕也是一个重要原因吧！

一个一直充满理想和希望的民族，就必然是一个伟大的民族，是一个自强不息的民族，是一个历经磨难而不衰的民族，是一个有着美好明天的民族。特别是这个民族在中国共产党的领导下，不仅形成了共同的理想，而且真正踏向了实现大同之梦的征程。毛泽东主席在1959年的一首七言律诗里说道："陶令不知何处去，桃花源里可耕田?"毛泽东主席虽然是在问陶渊明，实际上他自己已经有了答案：桃花源里可耕田！中国人已经找到了通向桃花源的大道，虽然它是曲折漫长的。

我们的民族和国家有一个大同之梦，愿我们每一个人也都有一个桃花源之梦。有梦就有希望，有梦就有活力，有梦就会永远年轻，有梦就会有美好的明天！

第十二章
黄钟再奏和谐曲

举世瞩目，中国这条东方巨龙正在腾飞，亿万人民正在为实现中华民族的伟大复兴而共同努力。中华儿女用黄钟大吕共同演奏的和谐乐章，不仅会响彻神州大地，也会传播到异域和天际。

（一）

中华民族是一个伟大的民族，她勤劳智慧，勇敢善良；她幅员辽阔，人口众多；她历史悠久，文化灿烂，并始终保持着国家的统一和民族的团结，始终保持着民族文化的薪火相传、生生不息。中华民族也是一个多灾多难的民族，她饱经风霜，历尽雨雪，五千年来自然灾害频仍，战乱饥馑相继，特别是鸦片战争后的一百年间，中华民族受尽帝国主义列强的侵略和欺凌。中华民族更是一个自强不息的民族，她历经磨难而不衰，愈挫愈奋更坚强，她对前途始终充满希望和信心，不屈不挠，众志成城，一次次从困境中走出，一次次从危难中崛起。中华民族确实是一个伟大的民族，我们都为自己是中华儿女而倍感骄傲和自豪。

实现中华民族的伟大复兴，再现和超越汉唐盛世，是中华儿女近一百多年来的梦想和追求。在中国共产党的领导下，特别是改革开放四十多年来，中华民族大踏步赶上时代前进的潮流，迎来伟大复兴的光明前景。这正如习近平总书记所说："改革开放 40 多年来，特别是党的十八大以来，党和国家事业取得了历史性成就、发生了历史性变革，中华民族迎来了从站起来、富起来到强起来的伟大飞跃。"中国经济总量已经跃至世界第二，进出口总额位居世界第一，人民生活从温饱不足发展到 2020 年底全面建成小康社会，贫困人口全部脱贫。中国的发展，不仅使中国人民稳定地走上了富裕安康的广阔道路，而且为世界经济发展和人类文明进步作出了重大贡献。世人瞩目中国，赞叹中国，中国以全新的面貌展现在世界面前。

说中华民族迎来伟大复兴的光明前景，这不仅是指我们国家的繁荣昌盛和人民的富裕安康，不仅是指我们国家综合实力的不断增强和国际地位的日益提高，更主要的是指党的十九大把习近平新时代中国特色社会主义思想确立为党必须长期坚持的指导思想，实现了党的指导思想又一次与时俱进，具有重大的政治意义、理论意义、实践意义。习近平总书记在中国共产党第十九次全国代表大会上的报告中指出："新时代中国特色社会主义思想，明确坚持和发展中国特色社会主义，总任务是实现社会主义现代化和中华民族伟大复兴……明确中国特色大国外交要推动构建新型国际关系，推动构建人类命运共同体。"

构建人类命运共同体一经提出便引起国际社会的强烈共鸣，这不仅因其具有紧迫的现实必要性，而且因其深契中华民族的文化心理。博大精深的中华文化传统为我们提供了丰富多彩的和谐共生思想资源，中国共产党和中国政府宣布把构建人类命运共同体作为国家的方针和理念，这不仅是中华民族历史的新起点，而且对人类的发展具有重大意义。

（二）

我们现在来讨论这样一个问题：中华文明为什么能够一直薪火相传五千年呢？中华民族为什么能够历经磨难而不衰、终于迎来伟大复兴的光明前景呢？中国为什么能够最先提出构建人类命运共同体这一体现人类共同价值取向的思想理念呢？这应该能找到很多原因。但是，中华民族传统文化特有的品质和优势，无疑也是一个重要的原因。

说到中国传统文化，那内容就太多了，诸子百家都是传统文化，唐诗宋词和《红楼梦》等古典小说也是传统文化。但人们习惯上所说的中国传统文化，则主要是以儒、佛、道为代表。这话也有道理，儒、佛、道三家毕竟在中国传统文化中最具影响。从某种意义上说，儒、佛、道就是中国的传统文化。在儒、佛、道三家中，佛教是外来文化，它在传入中国本土和两千多年的发展中，已经被儒家和道家文化所改造、所融合。所以说，探讨中国传统文化，主要就是研究儒家和道家文化，因为儒家和道家文化基本上涵盖了中国传统文化的本质和特征。那么，说到儒家和道家，人们最常说的一句话就是：儒道互补。实际上也确实是这样，中国传统文化两千多年来的发展历程，也可以说就是儒道文化相互融合、相互补充而又相互制衡的历程。这样一来，所谓中国传统文化是什么？最终就可以落脚到对儒道互补的探讨上。换句话说，如果搞清楚了儒道是如何互补的，它们互补的内容和方式是什么，也就等于抓住了中国传统文化的要害。

汤一介教授在他的一篇演讲稿里，这样论述儒道互补："儒家的仁论和道家的道论可以说形成了一种互补的态势，儒家注重的是积极治世，要求用他们的道德理想来治国平天下，因此它对人的心性做了较为充分的讨论。道家注重的是消极应世，要求人们以顺应自然超世理想来应世，因此它对人在自然中的地位做了较充分的讨论。从以上分析看，我们也许可以说儒家思想是一种建立在修德敬业基础上的人本主义，它可以对人们提高其作为“人”的内在品德方面贡献于社会；道家思想是一种建立在减损欲望基础上的自然主义，它可以对人们顺应自然、回归人的内在本性方面贡献于社会。儒家的仁论和道家的道论哲学以及它们的天人合一的思维模式，同样可以贡献于今日人类社会。”当然，汤一介先生在这里并没有把儒道的要旨和儒道互补的内容概括全，而只是大概地指出儒道互补确实是客观存在的。

山东大学陈炎教授在《多维视野中的儒家文化》一书中，对儒道的互补有着极为精辟的见解。首先，他指出儒道两家文化其实是同源的：“作为儒、道同出的哲学文本，《易经》的‘– –’、‘—’二爻体现了两性文化的世界观，而其周流不止、变易不居的卦象形式，则体现了素朴辩证的方法论。在以后儒、道两家的哲学中，前者得到了历史性的拆解和逻辑上的划分；后者则得到了理论上的普及与实践上的运用。因此，儒、道之所以有互补的价值，盖源于不同的世界观；儒、道之所以有互补的可能，盖源于共同的方法论。而所有这一切，都可以在那部古老而神秘的《易经》中找到深刻的根据。”（第 54 页）其次，陈炎教授用“建构”和“解构”来比喻儒道互补的价值和方式：“儒家所掌管和操纵的礼乐文化，作为一种符号系统，有着将野蛮之人提升为文明之人的历史意义。这套符号不仅确立和规范着人们的社会行为，而且丰富和传达着人们的思想和情感，并最终以诗、乐、舞的形式为中国的古典艺术奠定了坚实的基础。但是，由于这套‘情感符号’要受到‘伦理符号’的先天制约，因而在其发展的过程中不可避免地会导致僵化或异化。在这种情况下，道家以消除文饰、践踏法则、超越符号为内容的全方位的‘解构’活动便具有了重要的社会意义。然而正像儒家的极端性‘建构’会导致‘异化’一样，道家无节制的‘解构’则有着‘虚无化’的危险，因而在适当的时候又需要儒家的重新‘建构’。实际上，正是这二者之间的不断‘建构’和不断‘解构’确保了中国审美文化得以健康而持续地发展下来，并形成着‘否定之否定’式的阶段性变革。”（第73页）“建构”和“解构”之说的确是精辟之论，只是陈炎教授把儒道互补的内容说得小了一些，儒道互补绝不仅是保证了“中国审美文化得以健康而持续地发展”，而是确保了整个中华民族传统文化能够不断调整到最佳状态，不断健康而充满生机地持续发展，从而深深影响了中国几千年的政治和经济，培育了一代又一代炎黄子孙。

中华文化之所以能够生生不息延续五千多年，中华民族之所以能够历经磨难而不衰，笔者认为，很重要的一个原因就是儒道这两家文化既相通又相异，既相反又相成，既相互补充又相互制衡，既相互诘难又相互促进。儒道都崇尚敬天法祖，饮水思源，尊重历史，不忘典籍，这都有利于文化的传承和发展；儒道都强调整体观和变化观，这使我们这个民族具有全面辩证看待宇宙和事物的能力，使我们这个民族具有与时俱进的品格；儒道都要求进德修身，推己爱人，这使中华民族具有向善和慈爱的传统；子不语乱力怪神，庞大的儒家体系没有上帝的位置，但老子却给炎黄子孙开辟了广阔的天空，使我们这个民族既不陷于宗教的虚妄，又能够找到人文的终极关怀；儒家主张积极的人生，希望建功立业，有时甚至知其不可为而为之，道家则济之以顺其自然，当止则止；儒家倡导“三纲”“五常”，给社会规划了一套严格的礼乐制度，这当然有利于社会的稳定，但久而久之谁也受不了，道家则说不要那么严肃，“稍息”一下也可以，活人不能被尿憋死；儒家太注重人生的社会价值，道家则太注重人生的个人感受，这两者加起来便是完满的人生；孔子为炎黄子孙描绘了大同世界，老子则为炎黄子孙勾画了理想社会，这两者都成为炎黄子孙的期盼和梦想；儒家和道家加在一起，多的是生机，多的是平衡，多的是理智，多的是弹性，多的是中华民族的根，多的是炎黄子孙的性，多的是尊严，多的是从容……

儒道两家文化尽管有很大差异，甚至有些理念是截然相反的。但有一个重要的观点，儒道两家却是高度一致的，那就是，都主张和谐共生。因此，崇尚和谐、追求和平也就成了中华民族文化的最鲜明特色。据说有外国人曾经问一位中国的学者，中国文化最精华的是什么？这位学者不假思索地回答道：如果只讲一个字，就是“和”；如果讲两个字，就是“中和”；如果讲三个字，就是“致中和”。

（三）

老子的思想是非常丰富的，我们这本书从十几个方面剖析了老子的思想，但老子的思想也可以一言以蔽之，那就是：和谐共生。自从开天辟地，人类便面临着三大冲突：人与自然的冲突；人与人的冲突；人与自己内心的冲突。科学技术的发展和物质生活的提高，并不能消除这三大冲突，甚至有些冲突还呈现恶化的趋势。正是在这个意义上，尼采才说出了这样一句名言：“人类是病得很深的动物。”古往今来的思想家、政治家和宗教家，也大都是为着解决这三大冲突而动脑筋、想办法、出招数。老子之所以堪称最伟大的思想家之一，就是因为它在解决人与自然的冲突、人与人的冲突和人与自己内心的冲突这三大亘古不变的人类顽症中，提出了彻底而系统的意见，为人类贡献了特殊的智慧和恩泽。

1．法天法地，顺其自然，天人合一，实现人与自然的和谐。

人类和其他各种动植物一样，是大自然的产物，更是宇宙天体和谐的产物。据现代科学报告，宇宙星体之间如果有丝毫的不和谐，便不会有地球和生物。人类和大自然是母子关系，血脉相连，这恐怕是没有任何疑问的。按理说，人类应该永远感激大自然，永远敬畏大自然，永远顺应大自然，永远保护大自然，永远和大自然和睦相处。其实情景并不完全是这样。就笔者的考察，人类对自己和大自然的关系的认识，大致可以分为三个大的阶段：第一个阶段，在人类刚刚诞生的上百万年间，那时人类的知识水平和物质条件还十分低下，人们对赖以生存的自然界的本质几乎一无所知。这时，人类是畏惧大自然的，特别是对大自然的风雨、雷电、洪水和地震等，更有一种莫名的恐惧和愤懑。对大自然带来的不便和灾害，最多也只能是躲避，即所谓“上栋下宇，以待风雨”。当然，更多的时候是风和日丽，花果飘香，人类只靠采摘、渔猎就可以衣食无忧。但即便是这样，人类也不知道究竟要感谢谁。第二个阶段，在人类进入文明时代之后，经过几千年的发展，人们的知识和技术有了很大的提高，特别是人们探索到了很多自然界的规律，人们还发明了天文和历法。在这个时代里，人们认为只要顺从自然界，只要得到皇天后土的庇护，人类就有享不完的福祉。这时，人类不仅敬重大自然，感激大自然，而且更知道关爱和保护大自然，正所谓“钓而不纲，弋不射宿”和“斧斤以时入山林”。第三个阶段，在最近三五百年，人类掌握了大量的知识和科学技术，研制出很多先进的工具和器械，甚至具有了上天入地的能力。这个时期，人类认为自然界不仅是可以利用的，同时也是可以征服的。随着人类中心论思潮的兴起，人们对大自然不再是敬畏和感激，而是当成了可以无限索取的对象，当成了一切要听人类摆布的奴仆。这时，大自然开始报复了，全球气候变暖就是一个严重的警告。据科学家向联合国提出的一份报告初稿称：全球暖化在二十年内将导致数亿人缺水，此外每年会有一亿人因海平面上升住家被水淹没而失去家园。

老子从根本上讲清了人与自然要和谐的道理。首先，人与天地万物都统一于道，同体共生，“道生一，一生二，二生三，三生万物”。其次，和谐是宇宙间万事万物的最佳状态，“万物负阴而抱阳，冲气以为和”，“益生曰祥”。第三，人必须效法和顺应自然，“人法地，地法天，天法道，道法自然”。第四，顺应自然，最重要的是要坚持无为。无为就是“无违”，即不违背和破坏自然而倒行逆施。

2. 利而不害，为而不争，柔弱居下，实现人与人的和谐。

我们这里所说的人与人的和谐，也包括利益集团和利益集团之间的和谐，包括国家和国家之间的和睦相处。人出生之后，终其一生，无时无刻不在同别人打交道，这是无法避免的。那么，如何实现人与人的和谐，得相生之益，就是一个天大的课题。老子对构建和谐世界和实现人与人的和谐，提出了一整套真知灼见，其概要如下：①实现和谐的思想基础是慈悲为怀，善待万物。老子认为，人只要有了慈善之心，很多问题都好解决，很多关系都好相处。老子说他有三大法宝，这第一法宝就是“慈”。慈能化阴霾而呈艳阳，慈能解怨仇而得恩爱。②损有余以补不足，是实现社会和谐的准绳。老子认为，损有余以补不足，关心扶持弱势群体，这符合大道，虽然现实社会中并不是这样，但治理国家者要努力向社会人人平等的目标迈进。这就是老子所指出的：“天之道，损有余而补不足。人之道则不然，损不足以奉有余。孰能有余以奉天下？唯有道者。”老子所描绘的小国寡民的理想社会，就是一个人人平等、人人相亲相爱、充满和谐阳光的美好乐园。③大国主动向小国示好，国与国之间相互尊重，是实现国际和谐的重要原则。在处理国际关系上，老子一是反对侵略战争，二是主张国与国要和睦相处、相互尊重。老子还特别强调，能否处理好国际关系，大国和强国是关键。老子说：“大邦者下流也，天下之牝也。天下之交也，牝常以静胜牡，以静为下。故大邦以下小邦，则取小邦；小邦以下大邦，则取于大邦。”这里的所谓“下流”和“下”云云，就是谦让和尊重他国的意思。④像水一样利而不害，柔弱居下，就能实现人与人之间的和谐。在构建各种和谐关系中，个人与个人之间的关系，最为常见，也最为重要。人在各种交往之中，纠葛随处都有，矛盾无时不在，竞争也在所难免，这都是十分正常的，这也是人生应有之义。关键是我们如何来看待人与人之间的关系，如何化解各种恩怨和矛盾，如何既有竞争而又不伤害他人。老子给我们的建议是，人在对待他人和处理各种关系中，应该向水学习，像水那样“善利万物而不争，处众人之所恶，故几于道”。如果说善利万物还好学的话，那么，“处众人之所恶”，即安于大家都不愿意待的环境和地位，则是一般人很难做到的。什么是大家都不愿意待的环境和地位呢？那就是没有名、没有利、默默无闻，有时还要承受一些不白之冤。这确实难以做到！但老子告诫大家，这样做是接近于大道的。人有了这种忍辱负重的品质，不仅可以处理好各种关系，度过和谐的人生，而且还会做出有利于社会的大事业。

3. 达观通变，清静自守，知足常乐，实现人与自己内心的和谐。

在人类面临的三大冲突中，人与自己内心的冲突，可能是最激烈、最持久、最普遍的。灵与肉有冲突；良知与邪恶有冲突；目标与现实有冲突；欲望与理智有冲突；能力与所从事的职业需要有冲突；性格与周围环境有冲突；由于不明事理，造成误区，更可能带来很多情感上的冲突……凡此种种，难以遍举。人与自己内心的和谐，不管是对自己，还是对社会，都是至关重要的。只有实现了人与自己内心的和谐，才能保证人与人的和谐，进而实现人与自然的和谐。老子在解决人与自己内心的和谐方面，也是比较彻底的。老子认为，一个人只要与道相合，与天同乐，以达观的心态来对待万事万物，清静自守，知足常乐，就能做到超然物外，就能保持内心的平静，从而实现人与自己内心的和谐。

构建和谐社会，实现人生的和谐，老子认为关键是要与道相合，关键是要有民胞物与的大胸襟。《吕氏春秋》记载了这样一个故事：

荆人有遗弓者，而不肯索，曰：“荆人遗之，荆人得之，又何索焉？”孔子闻之曰：“去其‘荆’而可矣。”老聃闻之曰：“去其

'人'而可矣。"

荆人不去寻找遗失的弓箭，认为反正捡到的都是楚国人，可见其博大的乡土情怀。孔子则更高一筹，认为应该仁者爱人，不必区分国别人群，可见其一视同仁的博大情爱。老子则更进一步，认为万物都是同体共生、休戚相关的，不必区分人与非人，而应该同等善待，可见其"同与禽兽居，族与万物并"的大道情怀。

今天，在中国共产党的英明领导下，中华民族终于迎来了伟大复兴的光明前景。巍巍泰山，滔滔黄河，见证着中华文明的古老与辉煌；昊昊苍天，茫茫大地，诉说着中华儿女的智慧和勤劳。习近平构建人类命运共同体思想的深思高举，合千古之道，称世人之心，领时代潮流。炎黄子孙伴随着那黄钟大吕奏出的响彻天际的和谐乐章，必将意气风发地走向更加美好的明天！

附录

《老子》[1] 原文

上篇　道经

一章

道可道，非常道；名可名，非常名。无名天地之始，有名万物之母。故常无欲，以观其妙；常有欲，以观其徼。此两者，同出而异名，同谓之玄。玄之又玄，众妙之门。

二章

天下皆知美之为美，斯恶已；皆知善之为善，斯不善已。故有无相生，难易相成，长短相形，高下相倾，音声相和，前后相随。是以圣人处无为之事，行不言之教。万物作而弗始，生而不有，为而不恃，功成而弗居。夫唯弗居，是以不去。

---

① 注：《老子》一书，各传本多有错衍、脱误及讳字，今依较为通行的魏王弼的《老子道德经注》本为底本，参校简本、帛书本等古本，并参考了学术界专家的研究成果，加以校订。鉴于王弼本在流传过程中对读者形成的阅读影响，校订文中保留了该本中部分与出土文献原文义近的讳字。本书引文以此为准。

三章

不尚贤，使民不争。不贵难得之货，使民不为盗。不见可欲，使民心不乱。是以圣人之治，虚其心，实其腹，弱其志，强其骨。常使民无知无欲，使夫智者不敢为也。为无为则无不治。

四章

道冲，而用之或不盈。渊兮，似万物之宗。挫其锐，解其纷，和其光，同其尘。湛兮似或存。吾不知谁之子，象帝之先。

五章

天地不仁，以万物为刍狗；圣人不仁，以百姓为刍狗。天地之间，其犹橐籥乎？虚而不屈，动而愈出。多言数穷，不如守中。

六章

谷神不死，是谓玄牝。玄牝之门，是谓天地根。绵绵若存，用之不勤。

七章

天长地久。天地所以能长且久者，以其不自生，故能长生。是以圣人后其身而身先，外其身而身存。非以其无私邪？故能成其私。

八章

上善若水。水善利万物而不争，处众人之所恶，故几于道。居善地，心善渊，与善仁，言善信，政善治，事善能，动善时。夫唯不争，故无尤。

九章

持而盈之，不如其已。揣而锐之，不可长保。金玉满堂，莫之能守。富贵而骄，自遗其咎。功遂身退，天之道也。

十章

载营魄抱一，能无离乎？专气致柔，能如婴儿乎？涤除玄览，能无疵乎？爱民治国，能无为乎？天门开阖，能为雌乎？明白四达，能无知乎？生之畜之，生而不有，为而不恃，长而不宰，是谓玄德。

十一章

三十辐共一毂，当其无，有车之用。埏埴以为器，当其无，有器之用。凿户牖以为室，当其无，有室之用。故有之以为利，无之以为用。

十二章

五色令人目盲，五音令人耳聋，五味令人口爽，驰骋畋猎令人心发狂，难得之货令人行妨。是以圣人为腹不为目，故去彼取此。

十三章

宠辱若惊，贵大患若身。何谓宠辱若惊？宠为下，得之若惊，失之若惊，是谓宠辱若惊。何谓贵大患若身？吾所以有大患者，为吾有身；及吾无身，吾有何患？故贵以身为天下，若可寄天下；爱以身为天下，若可托天下。

十四章

视之不见名曰夷，听之不闻名曰希，搏之不得名曰微。此三者不可致诘，故混而为一。其上不皦，其下不昧，绳绳兮不可名，复归于无物。

是谓无状之状，无物之象，是谓惚恍。迎之不见其首，随之不见其后。执古之道，以御今之有，能知古始，是谓道纪。

十五章

古之善为士者，微妙玄通，深不可识。夫唯不可识，故强为之容。豫兮若冬涉川，犹兮若畏四邻，俨兮其若客，涣兮其若凌释，敦兮其若朴，旷兮其若谷，混兮其若浊。孰能浊以静之徐清？孰能安以久动之徐生？保此道者不欲盈，夫唯不盈，故能蔽而新成。

十六章

致虚极，守静笃。万物并作，吾以观复。夫物芸芸，各复归其根。归根曰静，是谓复命。复命曰常，知常曰明。不知常，妄作，凶。知常容，容乃公，公乃王，王乃天，天乃道，道乃久，没身不殆。

十七章

太上，下知有之；其次，亲而誉之；其次，畏之；其次，侮之。信不足，有不信焉。悠兮其贵言。功成事遂，百姓皆谓我自然。

十八章

大道废，有仁义；智慧出，有大伪；六亲不和，有孝慈；国家昏乱，有忠臣。

十九章

绝圣弃智，民利百倍；绝仁弃义，民复孝慈；绝巧弃利，盗贼无有。此三者，以为文不足，故令有所属：见素抱朴，少私寡欲。

二十章

绝学无忧。唯之与阿，相去几何？美之与恶，相去何若？人之所畏，不可不畏。荒兮，其未央哉！众人熙熙，如享太牢，如春登台。我独泊兮，其未兆，如婴儿之未孩。儽儽兮，若无所归。众人皆有余，而我独若遗。我愚人之心也哉！沌沌兮！俗人昭昭，我独昏昏。俗人察察，我独闷闷。澹兮其若海，飂兮若无止。众人皆有以，而我独顽似鄙。我独异于人，而贵食母。

二十一章

孔德之容，惟道是从。道之为物，惟恍惟惚。惚兮恍兮，其中有象；恍兮惚兮，其中有物。窈兮冥兮，其中有精；其精甚真，其中有信。自今及古，其名不去，以阅众甫。吾何以知众甫之状哉？以此。

二十二章

曲则全，枉则直，洼则盈，敝则新，少则得，多则惑。是以圣人抱一，为天下式。不自见故明，不自是故彰，不自伐故有功，不自矜故长。夫唯不争，故天下莫能与之争。古之所谓曲则全者，岂虚言哉！诚全而归之。

二十三章

希言自然。故飘风不终朝，骤雨不终日。孰为此者？天地。天地尚不能久，而况于人乎？故从事于道者同于道，德者同于德，失者同于失。故同于道者，道亦得之；同于失者，道亦失之。信不足焉，有不信焉。

二十四章

企者不立，跨者不行。自见者不明，自是者不彰，自伐者无功，自矜者不长。其在道也，曰余食赘行，物或恶之，故有道者不处。

二十五章

有物混成，先天地生。寂兮寥兮，独立不改，周行而不殆，可以为天地母。吾不知其名，字之曰道，强为之名曰大。大曰逝，逝曰远，远曰反。故道大，天大，地大，王亦大。域中有四大，而王居其一焉。人法地，地法天，天法道，道法自然。

二十六章

重为轻根，静为躁君。是以君子终日行不离辎重。虽有荣观，燕处超然。奈何万乘之主，而以身轻天下？轻则失本，躁则失君。

二十七章

善行无辙迹，善言无瑕谪，善数不用筹策，善闭无关楗而不可开，善结无绳约而不可解。是以圣人常善救人，故无弃人；常善救物，故无弃物。是谓袭明。故善人者，善人之师；不善人者，善人之资。不贵其师，不爱其资，虽智大迷，是谓要妙。

二十八章

知其雄，守其雌，为天下谿。为天下谿，常德不离，复归于婴儿。知其白，守其黑，为天下式。为天下式，常德不忒，复归于无极。知其荣，守其辱，为天下谷。为天下谷，常德乃足，复归于朴。朴散则为器，圣人用之则为官长。故大制不割。

二十九章

将欲取天下而为之，吾见其不得已。天下神器，不可为也。为者败之，执者失之。是以圣人无为，故无败；无执，故无失。故物或行或随，或嘘或吹，或强或羸，或载或隳。是以圣人去甚，去奢，去泰。

三十章

以道佐人主者，不以兵强天下。其事好还。师之所处，荆棘生焉。大军之后，必有凶年。善有果而已，不敢以取强。果而勿矜，果而勿伐，果而勿骄，果而不得已，果而勿强。物壮则老，是谓不道，不道早已。

三十一章

夫兵者，不祥之器。物或恶之，故有道者不处。君子居则贵左，用兵则贵右。兵者不祥之器，非君子之器，不得已而用之，恬淡为上。胜而不美，而美之者，是乐杀人。夫乐杀人者，则不可得志于天下矣。吉事尚左，凶事尚右。偏将军居左，上将军居右，言以丧礼处之。杀人之众，以悲哀泣之；战胜，以丧礼处之。

三十二章

道常无名，朴虽小，天下莫能臣。侯王若能守之，万物将自宾。天地相合，以降甘露，民莫之令而自均。始制有名，名亦既有，夫亦将知止，知止可以不殆。譬道之在天下，犹川谷之与江海。

三十三章

知人者智，自知者明。胜人者有力，自胜者强。知足者富，强行者有志。不失其所者久，死而不亡者寿。

三十四章

大道汜兮，其可左右。万物恃之而生而不辞，功成不名有。衣养万物而不为主，常无欲，可名于小。万物归焉而不为主，可名为大。以其终不自为大，故能成其大。

三十五章

执大象，天下往。往而不害，安平太。乐与饵，过客止。道之出口，淡乎其无味。视之不足见，听之不足闻，用之不足既。

三十六章

将欲歙之，必固张之；将欲弱之，必固强之；将欲废之，必固举之；将欲取之，必固与之。是谓微明。柔弱胜刚强。鱼不可脱于渊，国之利器不可以示人。

三十七章

道常无为而无不为，侯王若能守之，万物将自化。化而欲作，吾将镇之以无名之朴。镇之以无名之朴，夫将不欲。不欲以静，天下将自正。

下篇 德经

三十八章

上德不德，是以有德；下德不失德，是以无德。上德无为而无以为，上仁为之而无以为，上义为之而有以为，上礼为之而莫之应，则攘臂而扔之。故失道而后德，失德而后仁，失仁而后义，失义而后礼。夫礼者，忠信之薄而乱之首。前识者，道之华，而愚之始。是以大丈夫处其厚，不居其薄；处其实，不居其华。故去彼取此。

三十九章

昔之得一者：天得一以清，地得一以宁，神得一以灵，谷得一以盈，侯王得一以为天下正。其致之也，天毋已清将恐裂，地毋已宁将恐发，神毋已灵将恐歇，谷毋已盈将恐竭，侯王毋已贵以高将恐蹶。故贵以贱为本，高以下为基。是以侯王自称孤、寡、不穀。此非以贱为本邪？非乎？故至誉无誉。是故不欲琭琭如玉，珞珞如石。

四十章

反者，道之动；弱者，道之用。天下万物生于有，有生于无。

四十一章

上士闻道，勤而行之。中士闻道，若存若亡。下士闻道，大笑之。不笑，不足以为道。故建言有之：明道若昧，进道若退，夷道若纇。上德若谷，大白若辱，广德若不足，建德若偷，质真若渝。大方无隅，大器晚成，大音希声，大象无形，道隐无名。夫唯道，善贷且成。

四十二章

道生一，一生二，二生三，三生万物。万物负阴而抱阳，冲气以为和。人之所恶，唯孤、寡、不穀，而王公以为称。故物或损之而益，或益之而损。人之所教，我亦教之。强梁者不得其死，吾将以为教父。

四十三章

天下之至柔，驰骋天下之至坚。无有入无间，吾是以知无为之有益。不言之教，无为之益，天下希及之。

四十四章

名与身孰亲？身与货孰多？得与亡孰病？甚爱必大费，多藏必厚亡。故知足不辱，知止不殆，可以长久。

四十五章

大成若缺，其用不弊。大盈若冲，其用不穷。大直若屈，大巧若拙，大辩若讷。躁胜寒，静胜热，清静为天下正。

四十六章

天下有道，却走马以粪。天下无道，戎马生于郊。祸莫大于不知足，咎莫大于欲得。故知足之足，常足矣。

四十七章

不出户，知天下；不窥牖，见天道。其出弥远，其知弥少。是以圣人不行而知，不见而名，不为而成。

四十八章

为学日益，为道日损。损之又损，以至于无为，无为而无不为。取天下常以无事，及其有事，不足以取天下。

四十九章

圣人常无心，以百姓心为心。善者吾善之，不善者吾亦善之，德善。信者吾信之，不信者吾亦信之，德信。圣人在天下歙歙，为天下浑其心，百姓皆注其耳目，圣人皆孩之。

五十章

出生入死。生之徒十有三，死之徒十有三，而民生生，动皆之于死地，亦十有三。夫何故？以其生生之厚。盖闻善摄生者，陆行不遇兕虎，入军不被甲兵。兕无所投其角，虎无所措其爪，兵无所容其刃。夫何故？以其无死地。

五十一章

道生之，德畜之，物形之，势成之。是以万物莫不尊道而贵德。道之尊，德之贵，夫莫之爵而常自然。故道生之，德畜之，长之育之，亭之毒之，养之覆之。生而不有，为而不恃，长而不宰，是谓玄德。

五十二章

天下有始，以为天下母。既得其母，以知其子；既知其子，复守其母，没身不殆。塞其兑，闭其门，终身不勤。开其兑，济其事，终身不救。见小曰明，守柔曰强。用其光，复归其明，无遗身殃，是为袭常。

五十三章

使我介然有知，行于大道，唯施是畏。大道甚夷，而人好径。朝甚除，田甚芜，仓甚虚。服文采，带利剑，厌饮食，财货有余，是谓盗夸。非道也哉！

五十四章

善建者不拔，善抱者不脱，子孙以祭祀不辍。修之于身，其德乃真；修之于家，其德乃余；修之于乡，其德乃长；修之于国，其德乃丰；修之于天下，其德乃普。故以身观身，以家观家，以乡观乡，以国观国，以天下观天下。吾何以知天下之然哉？以此。

五十五章

含德之厚，比于赤子。蜂虿虺蛇不螫，攫鸟猛兽不搏。骨弱筋柔而握固。未知牝牡之合而朘作，精之至也。终日号而不嗄，和之至也。知和曰常，知常曰明，益生曰祥，心使气曰强。物壮则老，谓之不道，不道早已。

五十六章

知者不言，言者不知。塞其兑，闭其门，挫其锐，解其纷，和其光，同其尘，是谓玄同。故不可得而亲，不可得而疏；不可得而利，不可得而害；不可得而贵，不可得而贱。故为天下贵。

五十七章

以正治国，以奇用兵，以无事取天下。吾何以知其然哉？天下多忌讳，而民弥贫；民多利器，国家滋昏；人多伎巧，奇物滋起；法令滋彰，盗贼多有。故圣人云：我无为而民自化，我好静而民自正，我无事而民自富，我无欲而民自朴。

五十八章

其政闷闷，其民淳淳；其政察察，其民缺缺。祸兮福之所倚，福兮祸之所伏。孰知其极？其无正也。正复为奇，善复为妖。人之迷也，其日固久矣。是以圣人方而不割，廉而不刿，直而不肆，光而不耀。

五十九章

治人事天，莫若啬。夫唯啬，是谓早服，早服谓之重积德。重积德则无不克，无不克则莫知其极。莫知其极，可以有国。有国之母，可以长久。是谓深根固柢、长生久视之道。

六十章

治大国，若烹小鲜。以道莅天下，其鬼不神。非其鬼不神，其神不伤人。非其神不伤人，圣人亦不伤人。夫两不相伤，故德交归焉。

六十一章

大邦者下流也，天下之牝也。天下之交也，牝常以静胜牡，以静为下。故大邦以下小邦，则取小邦；小邦以下大邦，则取于大邦。故或下以取，或下而取。大邦不过欲兼畜人，小邦不过欲入事人。夫两者各得所欲，大者宜为下。

六十二章

道者万物之奥。善人之宝，不善人之所保。美言可以市，尊行可以加人。人之不善，何弃之有？故立天子，置三公，虽有拱璧以先驷马，不如坐进此道。古之所以贵此道者何？不曰求以得，有罪以免邪！故为天下贵。

六十三章

为无为，事无事，味无味。大小多少，报怨以德。图难于其易，为大于其细。天下难事必作于易，天下大事必作于细。是以圣人终不为大，故能成其大。夫轻诺必寡信，多易必多难。是以圣人犹难之，故终无难矣。

六十四章

其安易持，其未兆易谋。其脆易泮，其微易散。为之于未有，治之于未乱。合抱之木，生于毫末；九层之台，起于累土；千里之行，始于足下。为者败之，执者失之。是以圣人无为，故无败；无执，故无失。民之从事，常于几成而败之。慎终如始，则无败事。是以圣人欲不欲，不贵难得之货；学不学，复众人之所过；以辅万物之自然，而不敢为。

六十五章

古之善为道者，非以明民，将以愚之。民之难治，以其多智。故以智治国，国之贼；不以智治国，国之福。知此两者亦稽式。常知稽式，是谓玄德。玄德深矣，远矣，与物反矣，然后乃至大顺。

六十六章

江海所以能为百谷王者，以其善下之，故能为百谷王。是以圣人欲上民，必以言下之；欲先民，必以身后之。是以圣人处上而民不重，处前而民不害。是以天下乐推而不厌。以其不争，故天下莫能与之争。

六十七章

天下皆谓我道大，似不肖。夫唯大，故似不肖。若肖，久矣其细也夫！我有三宝，持而保之。一曰慈，二曰俭，三曰不敢为天下先。慈，故能勇；俭，故能广；不敢为天下先，故能成器长。今舍慈且勇，舍俭且广，舍后且先，死矣！夫慈，以战则胜，以守则固。天将救之，以慈卫之。

六十八章

善为士者不武，善战者不怒，善胜敌者不与，善用人者为之下。是谓不争之德，是谓用人，是谓配天，古之极也。

六十九章

用兵有言：吾不敢为主而为客，不敢进寸而退尺。是谓行无行，攘无臂，执无兵，乃无敌矣。祸莫大于轻敌，轻敌几丧吾宝。故抗兵相若，哀者胜矣。

七十章

吾言甚易知，甚易行。天下莫能知，莫能行。言有宗，事有君。夫唯无知，是以不我知。知我者希，则我者贵。是以圣人被褐而怀玉。

七十一章

知不知，尚矣；不知知，病也。夫唯病病，是以不病。圣人不病，以其病病，是以不病。

七十二章

民不畏威，则大威至。无狎其所居，无厌其所生。夫唯不厌，是以不厌。是以圣人自知不自见，自爱不自贵。故去彼取此。

七十三章

勇于敢则杀，勇于不敢则活。此两者或利或害，天之所恶，孰知其故？天之道，不争而善胜，不言而善应，不召而自来，绰然而善谋。天网恢恢，疏而不失。

七十四章

民不畏死，奈何以死惧之？若使民常畏死，而为奇者，吾得执而杀之，孰敢？常有司杀者杀。夫代司杀者杀，是谓代大匠斫。夫代大匠斫者，希有不伤其手矣。

七十五章

民之饥，以其上食税之多，是以饥。民之难治，以其上之有为，是以难治。民之轻死，以其求生之厚，是以轻死。夫唯无以生为者，是贤于贵生。

七十六章

人之生也柔弱，其死也坚强。万物草木之生也柔脆，其死也枯槁。故坚强者死之徒，柔弱者生之徒。是以兵强则不胜，木强则折。强大处下，柔弱处上。

七十七章

天之道，其犹张弓与？高者抑之，下者举之；有余者损之，不足者补之。天之道，损有余而补不足。人之道则不然，损不足以奉有余。孰能有余以奉天下？唯有道者。是以圣人为而不恃，功成而不处，其不欲见贤。

七十八章

天下莫柔弱于水，而攻坚强者莫之能胜，以其无以易之也。弱之胜强，柔之胜刚，天下莫不知，莫能行。是以圣人云：受国之垢，是谓社稷主；受国不祥，是为天下王。正言若反。

七十九章

和大怨，必有余怨，安可以为善？是以圣人执左契，而不责于人。有德司契，无德司彻。天道无亲，常与善人。

八十章

小国寡民，使有什伯之器而不用，使民重死而不远徙。虽有舟舆，无所乘之；虽有甲兵，无所陈之；使民复结绳而用之。甘其食，美其服，安其居，乐其俗。邻国相望，鸡犬之声相闻，民至老死不相往来。

八十一章

信言不美，美言不信。善者不辩，辩者不善。知者不博，博者不知。圣人不积，既以为人，己愈有；既以与人，己愈多。天之道，利而不害；圣人之道，为而不争。

后　记

老子和孔子一样是中华儿女可以引为自豪的世界级文化巨人。《道德经》是中华文明的重要经典，道家是两千多年来唯一能与儒家相互补充而又相互促进的思想学派。笔者是怀着崇敬的心情学习并向大家介绍老子思想的。这本小册子在多年读书札记的基础上撰写，有些想法是在长达二十几年的时间里逐渐形成的。任继愈先生有段话说得好："研究老子哲学，不能脱离中华大地，离不了中国的十三亿人民，也离不开全世界六十亿人民共存的现实世界。"正是基于这一同样的认识，笔者在论述老子的每一个命题时，多是从古说到今，从中说到外，有时就看似离题远了一些。还有一位作家朋友张炜也说得好，他认为现在是"大物质时代"，"大物质"就需要有"大言"来匹配和制衡。这种见解是很深刻的。老子的思想无疑是超越时空的大言，尤其是相对于所谓的"大物质时代"来说。但是，大言"希声"，大言往往不为人理解，或被人误解。譬如，你在理解老子的"无为而治"和"明哲保身"的思想时，如果得出做人可以不思进取和世故圆滑的结论，那就是出现偏差了。

本书在撰写和出版过程中，得到很多师友的关爱和襄助。著名易学家刘大钧教授为本书制序，著名文化学者余秋雨先生为本书题签，国画大师范曾先生为本书绘制《老子出关图》，艺术家曹明冉先生为本书绘制插图，特别是中华书局的李岩总经理和李肇翔编审，他们为本书付出了辛勤劳动，这都使我感激莫名，永志不忘。在此，我还要感谢我的一位非常值得尊敬的中学老师卢新文先生，是他教会了他的几乎所有的学生养成了深思的习惯，都善于全面、辩证地来看待一切事物。

此书在即将与读者见面之时，笔者还多少是有些惶恐。如有谬误，敬请批评指正。

刘长允

2008年10月1日

再版后记

我的这本阐发老子思想的书，原来的书名为《天不变道亦不变》，中华书局出版至今已有十年时间了。过去的十年是中华优秀传统文化不断得到传承、弘扬、提升的十年。习近平总书记深刻指出："优秀传统文化是一个国家、一个民族传承和发展的根本，如果丢掉了，就割断了精神命脉。""要加强对中华优秀传统文化的挖掘和阐发，努力实现中华传统美德的创造性转化、创新性发展。"高度重视"根植于中国大地"的中华优秀传统文化的积极作用，在习近平治国理政实践中得到了充分体现。

习近平总书记在不同场合的讲话中，多次引用传统文化经典来阐述主张、表明观点。其中，老子的一些重要思想被多次引用。例如，他引用"治大国若烹小鲜""多言数穷，不如守中"，说明要遵循规律、科学施政的治国态度；引用"合抱之木，生于毫末；九层之台，起于累土""图难于其易，为大于其细。天下难事必作于易；天下大事必作于细"，展现蹄急步稳、实干兴邦的改革意志；引用"圣人无常心、以百姓之心为心"，表达以人为本的为民情怀；引用"安而不忘危，存而不忘亡，治而不忘乱"，强调要牢固树立居安思危、见微知著的国家安全观；引用“大邦者下流”“既以为人，己愈有；既以与人，己愈多”，阐释中国开放包容、海纳百川的大国胸怀和团结合作、互利共赢的外交理念，等等。

习近平总书记对老子一些重要思想的运用，充分证明了老子思想在当今社会仍具有广泛而深刻的时代价值。这种价值不仅有利于个人修身养性、明哲保身、趋吉避凶，还有利于国家长治久安、人民幸福安康、社会和谐稳定，对维护世界和平、促进共同繁荣、构建人类命运共同体也具有重要意义。十年前，笔者曾在文中自问，十年之后对老子会有更深的认识吗？十年过后的今日，笔者进一步认识到，《老子》短短五千言，是适用于宇宙万物的世界观和方法论。它产生于过去，却指导今天和未来。它有益于个人，更有益于国家和世界，是包容万物、和谐万物、普惠万物的大智慧。这种深度和广度在笔者耳顺之年有了更新的认识和体会。这次再版，笔者只对个别文字作了修改。

不忘历史才能开辟未来，善于继承才能开拓创新。实现中华民族伟大复兴的“中国梦”，必然需要文化的复兴。感谢齐鲁书社昝亮社长，感谢许允龙编审，笔者也希望通过本书的再版为中华文化的复兴尽些绵薄之力。

刘长允

2019 年 5 月 1 日